W0066984

**rowohlts monographien
begründet von Kurt Kusenberg
herausgegeben
von Wolfgang Müller**

Die Schwestern Brontë

**mit Selbstzeugnissen
und Bilddokumenten
dargestellt von
Werner Waldmann**

Rowohlt

Dieser Band wurde eigens für «rowohlts monographien» geschrieben
Den Anhang besorgte der Autor
Herausgeber: Wolfgang Müller
Redaktion: Uwe Naumann
Redaktionsassistenz: Katrin Finkemeier
Umschlagentwurf: Werner Rebhuhn
Vorderseite: Die Schwestern Brontë. Gemälde von Branwell Brontë
(National Portrait Gallery, London)
Rückseite: Kirche und Friedhof von Haworth, um 1880
(Aus: «The Brontës», London 1947)

Veröffentlicht im Rowohlt Taschenbuch Verlag GmbH,
Reinbek bei Hamburg, März 1990
Copyright © 1990 by Rowohlt Taschenbuch Verlag GmbH,
Reinbek bei Hamburg
Alle Rechte an dieser Ausgabe vorbehalten
Satz Times (Linotronic 500)
Gesamtherstellung Clausen & Bosse, Leck
Printed in Germany
1080-ISBN 3 499 50456 1

Inhalt

Anne, Emily und Charlotte Brontë. Gemälde von Branwell Brontë, um 1834. National Portrait Gallery, London

Vorwort

Die Brontës sind ein Phänomen: ein literarisches, ein psychologisches, ein gesellschaftliches. Hinter dem Namen steht eine der erstaunlichsten und bizarrsten Legenden der englischen Literaturgeschichte. Die Brontës, das sind drei Schwestern: Anne, Emily, Charlotte. Geschrieben haben sie nicht sehr viel. Charlotte, die schreibfreudigste der Brontës, hat vier Romane verfaßt, Anne zwei und Emily nur einen einzigen.

Annes Bücher sind von solchem Mittelmaß, daß sie ohne den legendären Ruf ihrer Schwestern inzwischen längst vergessen wären. Emilys einziges Buch, *Wuthering Heights*, wurde seinerzeit vom Publikum als unverständlich und geschmacklos abgelehnt. Heute denkt man anders: *Wuthering Heights* gilt als – beinahe möchte man sagen: naives – Meisterwerk, das nur aus sich heraus zu verstehen, zu würdigen ist, ein dichterischer Wurf par excellence. Emily hätte dieses Werk kaum zu übertreffen vermocht, und sie hat es auch gar nicht erst versucht. Charlotte schrieb vier Bücher, die – allesamt – nicht unbedingt eine literarische Offenbarung sind, melodramatisch und ganz im Klischee des zeitgenössischen Unterhaltungsromans konzipiert. Aber sie zeugen von einer emanzipatorischen Sensitivität, die im Viktorianischen Zeitalter aufhorchen ließ und als etwas Neues empfunden wurde. Immerhin, Charlottes Roman *Jane Eyre* wurde gleich nach seinem Erscheinen ein Bestseller.

Warum sind die Brontës zumindest in der angelsächsischen Welt so enorm populär? (In Deutschland wurden ihre Bücher von Anfang an übersetzt und viel gelesen, doch zu einem Brontë-Kult kam es hierzulande nicht.) In England gibt es eine Brontë-Gesellschaft, die alljährlich umfangreiche Publikationen über die drei Schwestern herausgibt und Brontë-Erinnerungsstücke aus der ganzen Welt aufkauft; das Geburtshaus in Haworth wird Jahr für Jahr von wahren Pilgerströmen besucht, die Filmindustrie und das Fernsehen haben längst zu Brontë-Stoffen gegriffen – und die Romane der Brontës werden bis heute mit Begeisterung gelesen. Offenbar sind die Bücher modern geblieben, lesbar; jedenfalls verstauben sie in ihrem Ursprungsland nicht im Bücherschrank.

Legenden entstehen nicht ohne Grund, und in der Tat: Diese drei

Die Schwestern Brontë. Aus dem gleichnamigen Film von André Téchiné, 1978

Schwestern waren höchst bemerkenswerte Menschen. In ihrem Pfarrhaus führten sie ein ärmliches, psychisch wie physisch eingeengtes Leben, gesellschaftsunfähig und gesellschaftsüberdrüssig, kränkelnd und ruhelos. Als Kinder setzten sie ihre Träume in eine gigantische Phantasiewelt um: Sie erfanden – nur für sich allein, zum Zeitvertreib – eine Sage und brachten sie in unzähligen winzigen Kritzelheften zu Papier. Als die Geschwister größer wurden, als sie erwachsen waren und die kindliche Spielwelt ihnen nicht mehr genügte, begannen sie Romane zu schreiben. Sie hatten sich, ohne Beziehungen, ohne profunde literarische Bildung, einfach vorgenommen, professionelle Romanautorinnen zu werden und vom Erlös ihrer Bücher zu leben. Das erreichten sie auch fast auf Anhieb – und dies ist die Wurzel der Legende: daß es diesen drei Frauen gelang, in ihrem hinterwäldlerischen Haworth völlig naiv eine fiktive Welt zu erschaffen, die kaum Vorbilder hat und den Leser bis heute in ihren Bann zieht.

Bemerkenswert ist aber auch das stete Bemühen der Schwestern, sich in einer Zeit, die der Frau – sofern sie nicht den besseren Kreisen angehörte – kaum eine Chance zur Selbständigkeit bot, als Schriftstellerinnen zu behaupten. Man könnte sie als heimliche Rebellinnen bezeichnen, wenngleich sie in ihren Büchern die geltende Moral nicht antasteten, nicht expressiv verbis. Die Brontës schilderten sehr präzise die Schattenseiten dieser gesellschaftlichen Moral, deren Widersprüche. Und dies machte aufmerksam. Privat versuchten die Geschwister, einfach mehr aus ihrem Dasein zu machen: die engen Bahnen, die ihnen von ihrem sozialen Status vorgegeben waren, zu verlassen, um Erfolg zu haben und glücklicher zu sein.

Haworth

Patrick Branty – auch Brunty geschrieben – kam 1777 in Nordirland als eines von zehn Kindern eines Bauern zur Welt – das «übliche irische Kinderdutzend»[1]*. Der Vater, Protestant übrigens, besaß nur ein paar Morgen Ackerland und lebte in ärmliche Verhältnissen, die dem Kind keine außergewöhnliche Karriere verhießen. Schon als Vierzehnjähriger, meist barfüßig und recht zerlumpt, lernte er, was harte Arbeit bedeutet: Der Vater schickte den hochgewachsenen Jungen zu einem Grobschmied in die Lehre. Am Abend nach der Arbeit fand der stille Patrick sich regelmäßig beim Dorfschulmeister ein und nahm begierig das Wissen in sich auf, das dieser ihm vermittelte. Mit Erfolg, denn mit siebzehn war er bereits Hilfslehrer in einem kleinen Dorf in der Nähe seines Heimatorts. Patrick war intelligent und fleißig, und auch der Zufall war auf seiner Seite: Ein wohlhabender Geistlicher in der Nachbarschaft, der eine wichtige Rolle bei den Wesleyanern spielte, hatte ein Faible für den jungen Tutor und vertraute ihm seine beiden Söhne an. Er förderte und ermutigte ihn nachdrücklich und half ihm auch, sich etwas Geld zu sparen. 1802 – im Alter von 25 Jahren – begann Patrick Branty an der Universität Cambridge zu studieren. Der Geistliche übernahm einen Teil der Kosten, den Rest finanzierte ein Stipendium.

Sicherlich war es nicht leicht für Patrick, sich gegenüber den übrigen elitären und begüterten Studenten zu behaupten. Seine Armut – die meisten anderen Studenten waren nicht nur viel jünger als er, sondern auch vermögend und als Lordsöhne anmaßend und arrogant – förderte sein Selbstvertrauen nicht gerade. Doch Patrick war ein unbeugsamer, harter Charakter. Er arbeitete unermüdlich. An Essen und Kleidung wurde gespart, damit er sich den Schnaps leisten konnte, der ihn die Nächte hindurch beim Studium aufrechthielt.

Branty änderte in dieser Zeit auch seinen Namen. Der Sieger von Waterloo, Lord Nelson, wurde nach der Schlacht bei Abukir 1799 zum Herzog von Bronte erhoben, und das inspirierte Patrick dazu, seinen Fami-

---

* Die hochgestellten Ziffern verweisen auf die Anmerkungen S. 132 f.

liennamen abzuwandeln. Er nannte sich Bronte, dann wurde ein Trema hinzugefügt: Brontë. Warum er das tat, kann man nur vermuten; vielleicht meinte er, auf diese Weise in der akademischen Szene von Cambridge besser bestehen und seine gesellschaftliche Isolation überwinden zu können.

Zielstrebig brachte er das Studium hinter sich; 1806 wurde er zum Geistlichen der englischen Hochkirche ordiniert. Nach der zweiten Stelle als Hilfsgeistlicher holte ihn ein Freund an die Pfarrei in Bradford, einer Stadt in Yorkshire. Das war im Jahre 1809.

Pfarrer zu sein bedeutete mehr, als nur zu predigen und für das Seelenheil der Gemeinde zu sorgen. Brontë hatte sich mit einer Reihe sehr weltlicher Probleme herumzuschlagen, die die Lebensbedingungen seiner Gemeinde betrafen. Es gab viel zu tun. Notwendiger, als geistliche Probleme zu lösen, war es beispielsweise, neue Wasserleitungen in Haworth zu installieren, um den haarsträubenden hygienischen Zuständen abzuhelfen.

Brontë wirkte in einer Zeit des Umbruchs. Der Aufbruch ins Zeitalter der Industrialisierung, der gesellschaftliche Auflösungs- und Wandlungsprozeß von einer festgefügten, streng hierarchischen Gesellschaft zur Massengesellschaft des Fabrikzeitalters bedingte Änderungen, Erneuerung, Befreiung des Menschen, brachte aber neben der Unruhe zunächst einmal beträchtliche Probleme für das tägliche Leben mit sich. So hatte Brontë nicht nur neue Kirchenvorsteher zu bestellen oder die Sonntags-

Patrick Brontës Geburtshaus

schule zu organisieren, sondern sich vor allem mit der sozialen Umschichtung der Zeit und ihren Folgen zu befassen: Das Land wurde von einem Straßen- und Eisenbahnnetz durchzogen; die Tage der Postkutsche waren gezählt; zwischen moorigen Hochflächen und steinigen Tälern entstanden Fabriken. Aber dieser industrielle Segen verwandelte Yorkshire nicht in ein Paradies. Der vierte Stand, die Arbeiter, die in den Spinnereien schufteten, mußten von Hungerlöhnen dahinvegetieren. Die Behörden wurden mit diesen sozialen Problemen nicht fertig und die unzufriedenen, ausgebeuteten Arbeiter der Textilmanufakturen halfen sich selbst. Sie schlossen sich zu Arbeiterbünden zusammen, suchten auf eigene Faust und aus unmittelbarer Not heraus soziale Sicherung. Als Feinde galten die Eigentümer der Mittelklassemanufakturen, die Fabrikanten, aber auch deren Angestellte, die als Erfüllungsgehilfen verschrien waren. Der Einsatz von Maschinen zur rascheren und billigeren Produktion rief den Zorn der Arbeiter hervor und beide Seiten bekämpften sich heftig. Das war keine friedliche Auseinandersetzung; da wurden Fabriken demoliert, Leute erschlagen, und die Regierung antwortete mit harten Strafgesetzen und scheute sich auch nicht, aufrührerische Arbeiter exekutieren zu lassen, um ein Exempel zu statuieren.

Für einen Geistlichen lagen in dieser Zeit die Aufgaben – beinahe buchstäblich – auf der Straße. Die Kirche konnte, je nach Naturell und

Industrialisierung in Bradford

Die Mutter: Maria Brontë

sozialem Engagement ihrer Vertreter, vermittelnd und helfend eingreifen. Revolution und Aufstände, Zerstörung und Händel waren zu bekämpfen; aber gleichzeitig mußte man auch den Unterdrückten beistehen. Patrick Brontë verstand es, beiden Seiten gerecht zu werden. Daß die Arbeiter durchschnittlich nur neunzehn Jahre alt wurden oder daß man einem zehnjährigen Dreikäsehoch begegnen konnte, der als Gepäckträger einen Koffer nicht richtig zu halten imstande war, weil er den Daumen in einer Maschine eingebüßt hatte – dies waren ganz alltägliche Erscheinungen.

In Bradford lernte Brontë Maria Branwell kennen. Sie war Waise, Kusine eines methodistischen Geistlichen, der bei Bradford residierte. Maria stammte aus Penzance in Cornwall und war 1783 zur Welt gekommen.

Im Gegensatz zu Patrick brauchte sie sich nicht für ihre Familie zu schämen. Ihr Vater war ein angesehener, wohlhabender Kaufmann und Ratsherr in der Hafenstadt Penzance gewesen, und sie hatte eine gute Erziehung und Ausbildung genossen, wie sie für die Töchter gutsituierter Bürgersleute damals selbstverständlich war. Ihre Eltern waren früh gestorben. Im August 1812 lernte Maria den Pfarramtskandidaten Patrick kennen. Es scheint, als habe sich der junge Geistliche ziemlich rasch und Hals über Kopf in die neunundzwanzigjährige, schmale, beinahe zerbrechlich wirkende Maria mit dem schönen braunen Haar und den scheuen Haselnußaugen verliebt. Ein eifriger Briefwechsel begann, der jedoch nicht lange dauerte: Am 29. Dezember desselben Jahres fand die Hochzeit statt. Viel später, als Maria bereits tot war, bekam Charlotte Brontë von ihrem Vater die alten Liebesbriefe der Mutter zu sehen. *Die Briefe waren im Laufe der Jahre vergilbt. Es war ein eigentümliches Gefühl, zum erstenmal in diesen Zeugnissen eines Geistes zu lesen, aus dem mein eigener entsprungen ist; und ich empfand es als ungeheuer bewegend – traurig und süß zugleich –, einer so feinen, lauteren und erhabenen Persönlichkeit zu begegnen. Die Briefe hat sie vor der Heirat an Papa geschrieben. Aus ihnen sprechen ein wacher Verstand und eine unbeschreibliche Aufrichtigkeit, Bildung, Beständigkeit, Bescheidenheit und Güte. Ich wünschte mir in diesem Augenblick, sie hätte noch gelebt und ich hätte sie gekannt.*[2]

Nur neun Jahre sollte diese Verbindung dauern; doch die Poesie, der Taumel der ersten Monaten blieben oder – besser gesagt – verwandelten sich in ein sicher nicht leichtes, aber glückliches Zusammenleben. Patrick hatte Erfolg im Beruf, und das Familienleben war nicht minder beglückend. In ihrem ersten Haus, Clough House in Hightown in der Nähe von Hartshead, einem recht bequemen, weiträumigen Gebäude, kamen die ersten beiden Töchter zur Welt: 1814 Maria, ein Jahr darauf Elizabeth. Patrick kam mit seiner Gemeinde glänzend aus, setzte sich für die Erziehung – und keinesfalls nur die religiöse Unterweisung – ein und interessierte sich lebhaft für das, was in der Gemeinde und in der Welt draußen vorging.

In Clough House hielt es die Brontës nur zwei Jahre; dann zogen sie wieder um. Freilich brauchten sie diesmal ihre Habe nicht weit zu befördern; sie hatten sich für ein Haus in der Market Street in Thornton entschlossen, das unschöner und enger war als ihre vorherige Bleibe.

Die Familie vergrößerte sich in schöner Regelmäßigkeit. 1816 kam Charlotte zur Welt, 1817 ein Sohn, Branwell, 1818 Emily Jane und im Januar 1820 Anne, das letzte Kind. Fünf Jahre lebte die Familie in Thornton. Dann folgte wieder ein Umzug, diesmal aber der letzte: Man hatte Brontë eine feste Stelle als Untergeistlicher der Pfarrei von St. Michaels and All Angels in Haworth angetragen, und er akzeptierte das Angebot.

Das Geburtshaus der Brontë-Geschwister in Thornton

Eine eigenständige Gemeinde allerdings war Haworth nicht, denn St. Michaels gehörte nach wie vor zur Gemeinde von Bradford. Dennoch war die Aussicht, in Haworth seßhaft zu werden, für Brontë durchaus verlockend, da das ständige Umziehen mit einer so großen Familie und vor allem mit kleinen Kindern sehr beschwerlich war. Patrick war zufrieden. «Diese Einkünfte gehören mir fürs Leben», notierte er, «niemand kann sie mir wieder wegnehmen... Mein Gehalt ist nicht hoch. Es beträgt nur 200

15

Pfarrhaus und Friedhof von Haworth

Pfund im Jahr, aber dazu bekomme ich ein anständiges Haus, das mir auch ein Leben lang gehört und nichts kostet.»[3]

Als der Entschluß, nach Haworth überzusiedeln, feststand, schien die Zukunft voller Glück. Schließlich war Brontë nicht allein, sondern mit ihm zog eine große Familie. Das Familienleben spielte für ihn eine wichtige Rolle. Daß Maria Brontë, die sich von der Geburt des letzten Kindes nicht mehr richtig erholt hatte, bereits vom Tode bedroht war, wußte Brontë nicht, denn Krankheiten und alle möglichen Unpäßlichkeiten gehörten damals zum täglichen Leben. Außerdem war das Klima in dieser Gegend alles andere als gesund. Im Grunde litt Maria bereits darunter, seit sie in Yorkshire lebte. Da sie von Natur aus zart und anfällig war, bekamen ihr das rauhe, windige Wetter, der ewig kühle Regen und die Kälte nicht. Hinzu kam die Melancholie der moorigen Hochebenen, der öden, nur kurze Zeit im Jahr farbigen Heideflächen und der endlos scheinenden Hügel. Schwarz und Grau waren die beherrschenden Farbtöne der Landschaft um Haworth. Diese Umgebung mußte auf einen Menschen, der die üppige mediterrane Freundlichkeit und Farbigkeit einer Landschaft wie der von Penzance von Kindheit an gewohnt war, bedrückend wirken. Maria sah einer deprimierenden Zukunft in einem öden und unwirtlichen Land entgegen, von Menschen umgeben, die ebenso schroff waren wie Land und Wetter.

Haworth liegt etwa 20 Kilometer von Thornton entfernt. Für einen kräftigen Mann wie Patrick Brontë galt es damals nicht als besondere Leistung, diese Strecke zu Fuß zurückzulegen. Für eine Frau, die sich offenbar noch immer nicht vom letzten Wochenbett erholt hatte, und sechs schmale, bleichgesichtige Kinder jedoch waren solche Strapazen nicht zumutbar. An einem regnerischen, windigen Frühjahrstag im Jahre 1820 machte sich eine kleine Karawane nach Haworth auf. Die Kinder, Patrick, Maria und zwei Dienstboten fuhren in der Kutsche und waren so einigermaßen gegen das Wetter geschützt; doch bequem war die Fahrt auf dem schmalen und steinigen Weg nach Haworth keineswes. Hinterher rumpelten sieben Karren, auf denen die Brontës ihre Möbel und den Hausrat festgezurrt hatten. Die Karren wurden von Pferden gezogen, die die freundlichen Kirchenpfleger von Haworth ihrem neuen Pfarrer geschickt hatten. Es stürmte und regnete in Strömen.

Als der kleine, traurige und schäbige Zug in Höhe des Cullingworth-

Die Hauptstraße von Haworth

Moors angelangt war, sahen die Brontës zum erstenmal ihre neue Stadt, Haworth: den Kirchturm und eine Ansammlung von Steindächern. Vor ihnen erstreckte sich ein tiefes Tal. Am rechten Ende des Tals lag Keighley, links Oxenhope. Vielleicht sahen sie an diesem Tag den ungesunden Rauch aus den Fabrikschloten von Keighley nicht, doch bei ruhigem Wetter, klarem Himmel und wenig Wind war Keighley, eines der Zentren der Wollfabrikation, schon durch seine Rauchzeichen am Himmel nicht zu übersehen. Die Hänge des Tals waren von düsteren Moorflächen überzogen, dann und wann unterbrochen von den windschiefen Gebäuden eines Gehöfts. Im Spätsommer blühte die Heide, dann fallen purpurne Schat-

Landschaft um Haworth

ten auf die Hänge. Jetzt jedoch wirkte die Landschaft kahl und abweisend. Die Stadt bot ein ähnlich trostloses Bild. Ein kleiner Weg schlängelte sich an der Friedhofsmauer entlang und schlug sich dann, dünner und oft kaum zu ahnen, durch Äcker, Weiden und das Moor und verlor sich im Grau des Tages. Rechts zwei beinahe verfallene Häuser, eher Hütten, und ein freier Platz, wo sich die Bürger von Haworth bei Beerdigungen trafen. Auf der Linken, hinter der Friedhofsmauer, stand ein – im Verhältnis zu den umliegenden Häusern – respektierliches Gebäude, das Pfarrhaus.[4]

Das Haus hatte einen kleinen Vorgarten und nahm zwei Stockwerke mit jeweils vier Zimmern ein. Links von der Haustür befand sich das Wohnzimmer. Der Raum zur Rechten wurde als Patricks Studierstube eingerichtet. Dahinter lagen die Küche und eine Art Speisekammer. Die Treppe führte zu den vier Schlafzimmern und einem weiteren kammerartigen Raum über dem Vestibül, der den Kindern als Spielzimmer zur Verfügung stand; freilich war er etwas ungemütlich, denn er hatte keinen Kamin. Das Haus war solide gebaut; mit Holz waren seine Erbauer nahezu verschwenderisch umgegangen: es gab eine mächtige Holztreppe, getäfelte Wände und schwere, hölzerne Fensterrahmen. Vom Wohnzimmer aus blickte man auf den Friedhof; wenn ein Grab ausgehoben wurde – und das geschah nur allzu häufig –, begleitete dieses Ereignis das Leben der Familie. Der Tod als ständige Kulisse, beunruhigend-beruhigend, sanft und selbstverständlich. Charlotte: *Da saß ich auf dem niederen Bettgestell, die Augen aufs Fenster geheftet, durch das nichts anderes zu sehen war als eine ungeheure Moorfläche und ein grauer Kirchturm inmitten des Friedhofs. Die Gräber lagen so dicht beieinander, daß zwischen den Grabplatten kaum ein Unkraut wuchs.*[5]

Die meisten Einwohner von Haworth arbeiteten in den Webereien. Es gab auch einige Ladenbesitzer, die in ihren Geschäften einfache tägliche Bedarfsartikel führten. Um Arzneimittel, Schreibwaren, Bücher, Kleidungsstücke oder Leckerbissen zu bekommen, mußten die Bewohner nach Keighley gehen. Solche Dinge erhielt man in Haworth nicht.

Die Menschen gaben sich wortkarg. Jeder lebte für sich und erwartete, daß die anderen sich nicht in seine privaten Angelegenheiten einmischten. Das erforderte ein gewisses Fingerspitzengefühl: Einerseits mußte der neue Geistliche den Kontakt zu den Gemeindemitgliedern pflegen, andererseits hatte er, was das Privatleben der Leute betraf, äußerste Zurückhaltung zu üben.[6]

Haworth war um 1820 eine große Gemeinde, die mehrere Zehntausend Morgen Hochmoorland umfaßte und gut viertausend Einwohner hatte. Der größte Teil des Landes war unbebaut; von der Landwirtschaft konnte man hier nicht leben. Selbst den Hafer für das Frühstück mußte man mit Packeseln aus dem Norden herbeischaffen. Haworth spielte lange Zeit eine Schlüsselrolle in der Wollindustrie. Die Wolle wurde per Pferd von den einsamen, verstreuten Farmen Nord-Yorkshires nach Haworth gebracht und hier weiterverarbeitet, gekämmt und gewoben. In Halifax kamen die Produkte dann auf den Markt. *Diese Hügellandschaft nimmt sich nicht gerade großartig aus; sie ist weder romantisch noch beeindruckend. Ausgedehnte tiefe Moore, dunkle kleine Heideflächen... Mühlen und verstreute Hütten vertreiben alle Romantik aus diesen Tälern.*[7] Noch heute kann man in Haworth die dicht aneinandergedrängten Steinhäuser mit den hohen Fenstern sehen, in denen die Weber auf engstem Raum und unter denkbar schlechtesten sanitären Verhältnissen wohnten und arbeiteten. In den kleinen dunklen Löchern brannten Tag und Nacht Holzkohleöfen.

Haworth lebte Anfang des 19. Jahrhunderts ausschließlich vom industriellen Aufschwung, von der Produktion und vom Handel, war also durchaus kein verträumtes, verschlafenes Nest. Diese Stadt galt als einer der ungesundesten Flecken Yorkshires. Sicher litt zu dieser Zeit alle Welt unter unzureichenden sanitären Verhältnissen. Infektionskrankheiten und Seuchen gehörten damals zum täglichen Leben. In Haworth aber war es besonders schlimm. Über 40 Prozent aller Kinder starben vor dem sechsten Lebensjahr, und auch die Sterblichkeitsrate der Erwachsenen war höchst alarmierend. Das durchschnittliche Lebensalter betrug zwanzig Jahre. Eine öffentliche Kanalisation war in den meisten Dörfern und Städten unbekannt. Die Abwässer ließ man einfach auf die Hauptstraße fließen, wo sich ihr Gestank mit dem der Abfallhaufen mischte. 1820 gab es in Haworth kein einziges Wasserklosett. Viele Leute benutzten Latrinen. Auch im Pfarrhaus gab es nur eine zweisitzige Latrine im Garten. Tiere wurden sehr unhygienisch und viel zu nahe bei den Unterkünften der Menschen gehalten. Die meisten Keller lagen tiefer als die Senkgru-

Haworth heute

ben und Abflußrinnen. Daß die hygienischen Zustände in Haworth ohne weiteres mit denen der ärgsten Elendsquartiere Londons konkurrieren konnten, war nicht nur der Unwissenheit der Bewohner zuzuschreiben, sondern auch einer anderen Tatsache: Der überfüllte Friedhof rund um die Kirche und das Pfarrhaus war Ursache vieler Seuchen. Das durch die Leichname verseuchte Wasser, das der Bevölkerung zur Verfügung stand, stellte eine tödliche Gefahr dar.

Eine Landschaft prägt ihre Bewohner oft sehr nachhaltig. Haworth lag isoliert in einer Moorwüste. Die einzige Verbindung nach draußen war die Straße, die den Hügel hinab nach Keighley führte. Wer dorthin wollte – meistens zu Fuß, die Begüterten zu Pferd oder per Kutsche – überlegte sich das reiflich, denn es war eine anstrengende Tagesreise. Also blieben die meisten Leute lange Zeit in Haworth. Diese Isolation förderte ganz bestimmte Charaktereigenschaften: Die Einwohner von Haworth waren hinterwäldlerisch, ungebildet, eigenbrötlerisch und linkisch. Man kümmerte sich in erster Linie um seine eigenen Interessen, ignorierte den Nachbarn, handelte egozentrisch, wurde starrsinnig und eigenartig. Neulinge hatten es in einer solchen Gemeinschaft schwer; es dauerte lange, bis sie von den Einheimischen akzeptiert wurden.

Das waren die Schwierigkeiten, denen die Brontës ins Auge sehen mußten. Maria Brontë muß diese menschliche Kälte als besonders hart und abstoßend empfunden haben, was zur Folge hatte, daß sie sich verängstigt aufs Haus beschränkte und dort viele einsame Stunden zubrachte. Brontë war ein weniger empfindsames Gemüt; außerdem zwang ihn seine Aufgabe, sich mit den Leuten auseinanderzusetzen. Zwar hielt sich Brontë zeit seines Lebens in Haworth an den Grundsatz, die Nase nicht ungefragt in die Wohnstube anderer zu stecken – er achtete sehr auf Distanz –, doch letzten Endes wurde er als Pfarrer gebraucht. Nicht so Maria Brontë. Sie blieb im Haus, quälte sich mit der Arbeit und ihrer Einsamkeit ab. Und das Haus war nicht gerade dazu angetan, ihr und den Kindern ein Gefühl der Geborgenheit zu vermitteln: Es war zwar geräumig, wirkte aber kalt und unfreundlich. Es gab weder Vorhänge noch Tapeten. Die Möblierung war spartanisch; Brontë duldete nur das Nötigste. Hinzu kam, daß die Türen und Fenster nicht dicht schlossen, so daß es ständig zugig war. Ein ungesunder Aufenthaltsort und nichts für Marias zarte Gesundheit, auch nichts für ihr sensibles Gemüt, denn der Blick aus dem Fenster ließ keine Heiterkeit aufkommen: der öde Platz, der kahle Friedhof mit den Grabplatten, das mausgraue Dorf und die Moorlandschaft unter dem grauen, weiten Himmel, der meistens einem Leichentuch glich. Zudem waren seit dem Umzug nach Haworth alte soziale Kontakte beinahe zwangsläufig abgebrochen: Nur wenige Freunde nahmen die Zehn-Meilen-Reise von Thornton nach Haworth auf sich.

Der Vater: Patrick Brontë, im Alter von 56 Jahren

Diese Einsamkeit muß furchtbar gewesen sein für Maria, aber auch für die Kinder, die ebensowenig Kontakt fanden. Was blieb ihnen anderes übrig, als in den dunklen Räumen des Hauses miteinander zu spielen oder stundenlang einsam über die Moore zu streifen, Gedanken nachzuhängen und Geschichten auszuspinnen? Das Haus, das Moor, der Wind, die Einsamkeit – diese gespenstische, naturgewaltige Szenerie prägte die Brontës von Kindheit an.

Maria Brontë war bereits als Kranke nach Haworth gekommen. Was man zunächst für eine jener alltäglichen Unpäßlichkeiten gehalten hatte, unter denen im Grunde fast jeder ständig litt – leichte Infekte, Erkältungen –, erwies sich als eine ernst zu nehmende Krankheit. Magenkrebs hieß die Diagnose der Ärzte. «Meine liebe Frau», schrieb Patrick in einem Brief an seinen ehemaligen Vikar, John Buckworth in Dewsbury, «wurde am 29. Januar von einer schlimmen und gefährlichen Krankheit geschlagen.»[8]

Die Mutter befand sich zwar im Haus; aber sie war für die Kinder nicht mehr ansprechbar. Man schlich sich vorsichtig die Treppe hinauf, um ja keinen Lärm zu machen; man flüsterte nur, denn in den vorhanglosen Räumen hallte jedes Wort. Wenn die Kinder draußen übers Moor streiften, spielten und sich unterhielten, fühlten sie sich freier und ungezwungener als im Pfarrhaus. Patrick Brontë war ganz auf sich allein gestellt. Im Haus halfen nur noch das Kindermädchen und eine Magd. Maria verließ ihr Krankenzimmer selten. Es ging ihr so schlecht – Schmerzen, Übelkeit und Entkräftung nahmen von Tag zu Tag zu –, daß sie die Besuche ihrer Kinder nicht mehr verkraftete und sich auch im Haus um nichts mehr kümmern konnte. Jetzt kam Brontë erst richtig zum Bewußtsein, daß er keine Freunde hatte. Niemand tröstete ihn, niemand half ihm. «Ich war in Haworth ein Fremder in einem fremden Land.»[9] Die Ärzte waren machtlos. Nicht einmal Marias Schmerzen konnten sie lindern. «Gleich am Anfang bat ich verschiedene heilkundige Herren, meine geliebte Frau zu besuchen. Doch ihr ganzes Können und Wissen nutzten nichts. Der Tod verfolgte Maria unbarmherzig. Sie wurde von Tag zu Tag schwächer. Nach ungefähr sieben Monaten, in denen sie quälende Schmerzen erlitt, wie ich sie noch nie zuvor mit ansehen mußte, entschlief sie in Jesus und ihre Seele entschwebte in Gottes Reich.»[10]

Maria Brontë starb am 25. September 1821. Ihre Leidenszeit war ein Alptraum für Patrick Brontë und die Kinder gewesen. Nach ihrem Tod herrschte bedrückendes Schweigen in der Familie. Der Vater konnte mit den Kindern wenig anfangen. Sie mußten sich selbst helfen.

Zuerst übernahm die Älteste, Maria, die Mutterrolle, später Charlotte. Waren die Geschwister vorher schon durch ihre gesellschaftliche Isolation, die Trostlosigkeit der Stadt und die unheimliche Atmosphäre Yorkshires sehr auf sich gestellt gewesen, so verband die Familienkatastrophe sie noch enger miteinander. Das Bedürfnis nach anderen Menschen, nach Freunden und Bekannten kam jetzt gar nicht mehr auf. Sie wollten unter sich sein. Die Krankheit und der Tod Marias hatten den zuvor kontaktfreudigen Patrick Brontë zu einem zurückgezogenen Eigenbrötler werden lassen, der zwar allen seinen Pflichten nachkam, ansonsten aber unnahbar blieb. Freunde verkehrten im Pfarrhaus nicht, und auch zur Verwandtschaft wurde kein Kontakt gepflegt.

Patrick liebte seine Kinder, aber er besaß nicht die zur Erziehung nötige Geduld und Einfühlungsgabe. Er war stolz auf seine Familie; doch das große Leid hatte ihn unduldsam werden lassen, vielleicht auch ungerecht, und er sah nur noch sein eigenes Unglück. Längst hatte er es sich angewöhnt, stundenlang allein zu speisen, unter anderem deshalb, weil er seit seiner Studienzeit Alkoholiker war. Er wußte um dieses Laster und wollte den anderen den Anblick ersparen. Außerdem verbrachte er viele Stunden in seinem Studierzimmer, las und schrieb. Für die Kinder war er so gut wie nicht vorhanden. Sie sahen ihn eigentlich nur noch beim Frühstückstisch; aber da versuchte er, ein vorbildlicher Vater zu sein. Er erzählte Geschichten aus seiner irischen Heimat, seiner Kindheit und Jugend, berichtete von den Weberaufständen und von dem, was sich in der Gemeinde zutrug. Doch letztlich war er der Vaterrolle nicht gewachsen. Das «unschuldige, doch entnervende Geschwätz»[11] seiner Kinder trieb ihn immer wieder in seine eigene Einsamkeit zurück.

Patrick Brontë versuchte das Nächstliegende zu tun, nämlich wieder zu heiraten. Für einen Witwer mit sechs kleinen Kindern war dies freilich ein schwieriges Unterfangen. Brontë nahm zwei Anläufe. Elizabeth Firth aus Thornton, die Patin der Brontë-Kinder, lehnte freundlich ab. Ein zweiter

«Black Bull», das Wirtshaus von Haworth

Elizabeth Branwell

Versuch endete beinahe kläglich: Brontë schrieb an eine alte Liebe, Mary Burder in Finchingfield Park, die ihn trotz seiner beinahe flehentlichen Bitte nicht einmal sehen sollte und seinen Antrag mit unüberhörbarer Ironie ablehnte. Mary Burder wollte – wenn überhaupt – nur einen Mann mit Zukunft heiraten und keinen mit sechs kleinen Kindern.[12] Brontë beließ es bei diesen beiden Heiratsanträgen. Ohne Frau aber konnte der Haushalt nicht funktionieren, zumal es in Haworth keine Nachbarn oder Freunde gab, die der mutterlosen Familie beigestanden hätten. Schließlich sprang Marias ältere Schwester Elizabeth Branwell ein, die schon öfters auf Besuch in Haworth gewesen war und Maria auch auf dem Sterbebett gepflegt hatte. Sie war bereit, von Penzance nach Haworth zu ziehen und sich um die Kinder und den Haushalt zu kümmern.

Tante Branwell wurde im Pfarrhaus mit offenen Armen aufgenommen und zog als vollwertiges Familienmitglied in das schönste Schlafzimmer im ersten Stock. Sie war eine resolute Person. Mit Patrick verstand sie sich gut, jedoch gab sie nie klein bei; Argumentieren und Streiten schienen ihre Leidenschaften zu sein. Daß sie ungeniert Schnupftabak nahm, trug ihr bald den Ruf ein, mehr Mann als Frau zu sein. Patrick, der seiner Frau einmal ein Seidenkleid in kleinste Schnipsel zerschnitten hatte, nur weil es ihn, den puritanischen Christen, ärgerte, daß sie etwas so Anstößiges trug, mußte sich jetzt damit abfinden, daß seine Schwägerin ausschließlich Seidenkleider trug. Doch er war auf sie angewiesen, und daher schwieg er. Sowohl Patrick als auch die Kinder sahen Tante Branwell manche Marotte nach, denn ihre pragmatische, zupackende Art war genau das, was die Familie brauchte.

Für sich selbst hatte Patrick Brontë nichts zu befürchten: Seine Stellung, sein Einkommen, das Haus, all das gehörte ihm bis zum letzten Atemzug. Allerdings nur ihm, nicht den Kindern. Brontë besaß kein Vermögen – und auch keine reichen Verwandten, von denen ein Darlehen oder ein Erbe zu erhoffen gewesen wäre. Er wußte, daß er seine Kinder bei seinem Tod mittellos zurücklassen würde – als arme Waisenkinder, von denen es damals unzählige gab und um die sich niemand kümmerte. Daher war es wichtig, daß sie wenigstens eine kleine Ausbildung erhielten. Patrick Brontë begann seinen Sohn selbst zu unterrichten; denn ihn auf eine gute und damit auch kostspielige Schule zu schicken, hätte er sich nicht leisten können. Doch so begabt Branwell war, so sehr hatte er unter einer Eigenschaft zu leiden, die seinem Vater unbekannt war: Er war ein weicher, labiler Charakter, der dazu neigte, instinktiv den bequemeren Weg zu wählen, nachzugeben und sich treiben zu lassen. Den Ehrgeiz und Fleiß des Vaters hatte er nicht geerbt. Hinzu kam, daß Patrick Brontë nicht die notwendige Zeit aufbrachte, um seinem Sohn all das Wissen zu vermitteln, das er sich selbst einst angeeignet hatte. Schon bald begann er den Unterricht zu vernachlässigen, und Branwell war wieder sich selbst überlassen. Im Gegensatz zu seinen Schwestern, die sich von anderen Gleichaltrigen rigoros abseits hielten, knüpfte er zahlreiche Kontakte. Meistens drückte er sich im Wirtshaus «Black Bull» herum. Hier fand er eifrige Zuhörer, die leicht zu beeindrucken waren.

Die Schwestern hatten bis zum Tod ihrer Mutter weder eine Schule besucht noch von ihren Eltern Unterricht erhalten. Daher war es für sie von großem Vorteil, daß Tante Branwell sich entschlossen hatte, ihre verstorbene Schwester in Haworth zu ersetzen. Elizabeth Branwell wurde die erste Lehrerin der Mädchen. Ihr Schlafzimmer diente als Unterrichtsraum. Hier brachte sie ihnen bei, wie man nähte oder ein Kleid flickte und was eine Frau im Alltag an tausenderlei Fertigkeiten brauchte. Doch dabei blieb es nicht. Die Tante war eine geistig rege Person. Was sie aus den Zeitungen und aus «The Lady's Magazine» von der fernen Welt erfuhr, kam hier zur Sprache. Patrick hatte diese Gepflogenheit eingeführt. «Der

Vater pflegte den Kindern alles zu berichten, was er von draußen erfuhr und was ihm bedeutsam erschien. Er war ein starker, unabhängiger Geist, und die Kinder bezogen aus seinen Anschauungen viele Inspirationen.»[13] Die Tante führte diese Tradition fort. Auf diese Weise wurden die Kinder dazu angeregt, Nachrichten und Neuigkeiten aus aller Welt in sich aufzunehmen, zu lesen, was es zu lesen gab, Zeitungen, Magazine, religiöse und politische Pamphlete, aber auch Shakespeare und Bunyan. Man stritt sich über Kunst und Literatur, diskutierte stundenlang über die Ereignisse im Parlament und die aktuellen Probleme in Patricks Gemeinde, über die er ausführlich berichtete. So lernten die Brontës etwas sehr Wichtiges: neugierig zu werden auf Unbekanntes und Fremdes, eine eigene Meinung zu finden und diese in der Debatte zu erproben und durchzusetzen. Diese unsystematisch erscheinende, beinahe spielerische Erziehung vermittelte den Kindern ein breites Wissen, schulte ihre analytische Fähigkeit und regte nicht zuletzt auch ihre Phantasie an.

Eine rein emotionale Beziehung zu den Kindern konnte Tante Branwell jedoch nicht aufbauen. Trotz aller Herzlichkeit blieb ihr Verhältnis zu den Kindern distanziert. Sie wurde auch nicht müde, immer wieder darauf hinzuweisen, welches Opfer es für sie bedeutete, in Haworth zu leben. Penzance mit seinem südlichen Charme war und blieb ihr das auf ewig verlorene Paradies. Doch sie verließ Haworth nicht, auch als die Kinder erwachsen waren. Sie war zu einem Teil der Familie geworden; ihr Leben – und später auch ihr kleines Vermögen – gehörte den Brontës.

Freilich blieb die Erziehung der Brontës fragmentarisch. Patrick Brontë begriff, daß diese doch sehr dilettantische Ausbildung seinen Kindern letztlich keinen reputierlichen Beruf einbringen konnte. Für Mädchen gab es ohnehin nur wenige Möglichkeiten. Daher beschloß er, daß seine älteren Töchter eine richtige Schule besuchen sollten. Das war allerdings nicht einfach. Schulen kosteten Geld; und außerdem gab es in Haworth keine. In Cowan Bridge kannte Brontë eine Privatschule, die Töchter weniger begüterter Geistlicher aufnahm. Es war eine Art Internat. Die Kosten für Unterhalt und Unterricht beliefen sich auf 14 Pfund im Jahr; der Rest wurde von Mäzenen und Spendern bestritten. Diese Kosten konnte Patrick aufbringen; und die Aussicht, daß seine Mädchen eines Tages in der Lage sein würden, als Gouvernanten selbst ihren Lebensunterhalt zu bestreiten, war ihm den finanziellen Aufwand wert. Die Schule war von einem vermögenden Geistlichen gegründet worden: Carus Wilson. Wilson spielte in evangelischen Kreisen eine wichtige Rolle. Da er von adliger Herkunft war und über einen beträchtlichen Landbesitz verfügte, konnte er sich Wohltaten leisten. Sein erzieherischer Stil freilich war – ganz im Zuge der Zeit – selbstsüchtig und tyrannisch und ignorierte die emotionellen Bedürfnisse eines Kindes.

Carus Wilson

Mit dem freien Leben in Haworth hatte es ein Ende, als Maria, Charlotte, Emily und Elizabeth am 24. November 1824 in Cowan Bridge eintrafen (Anne und Branwell waren zu Hause geblieben; Anne war noch zu klein und Branwell sollte von seinem Vater weiter unterrichtet werden). Brontë liebte seine Kinder und zeigte es ihnen auch. In Cowan Bridge war alles anders. Wilson ging davon aus, daß Kinder schlecht sind, durch und durch sündig, und daß man ihnen mit Vehemenz das Übel austreiben müsse, um sie zu rechten Christenmenschen zu machen. Diese Erziehungsvorstellung bedeutete im Schulalltag Unterdrückung, Mißachtung der Persönlichkeit der Kinder, psychische und physische Tyrannei. Charlotte schrieb später aus der Erinnerung an diese schreckliche Zeit heraus ihren Roman *Jane Eyre*. Der Geistliche, Mr. Brocklehurst, der Jane im Internat empfängt, ist ein genaues Abbild von Carus Wilson.

Beim Sprechen hob ich den Blick. Er schien mir sehr groß, aber ich war eben sehr klein; seine Züge waren breitflächig und wirkten wie die ganze Gestalt mürrisch und streng.

29

«Nun, Jane Eyre, und bist du auch ein braves Kind?»

Das konnte ich unmöglich bejahen; meine Umwelt war anderer Meinung; so schwieg ich denn. Mrs. Reed enthob mich durch ein nachdrückliches Kopfschütteln der Antwort und fügte hinzu: «Je weniger man davon sagt, desto besser vielleicht, Mr. Brocklehurst.»

«Das tut mir leid zu hören! Wir müssen ein Wörtchen miteinander reden. Komm her!» sagte er.

Was für ein Gesicht er, aus der Nähe betrachtet, hatte! Was für eine große Nase! Und der Mund! Und welch große, vorstehende Zähne!

«Es gibt nichts Traurigeres als ein unartiges Kind», begann er, «und besonders ein unartiges Mädchen. Weißt du, wohin die Bösen nach dem Tode kommen?»

«Sie kommen in die Hölle», antwortete ich schnell.

«Und was ist die Hölle? Kannst du mir das sagen?»

«Ein Abgrund voll Feuer.»

«Und möchtest du gern in diesen Schlund fallen und dort in alle Ewigkeit brennen?»

«Nein, Sir.»

«Was mußt du tun, um ihm zu entgehen?»

«Ich muß gesund bleiben und darf nicht sterben.»

«Meinst du, das steht bei dir, ob du gesund bleibst? Jüngere Kinder als du sterben täglich. Erst vor ein paar Tagen habe ich ein kleines Kind von fünf Jahren begraben – ein braves kleines Kind, dessen Seele nun im Himmel ist. Es steht zu befürchten, daß man von dir nicht das gleiche sagen könnte, würdest du von hinnen gerufen.»

Da ich nicht imstande war, seine Zweifel zu beheben, senkte ich meinen Blick auf die zwei großen Füße auf dem Teppich und seufzte und wünschte mich weit weg.

«Ich hoffe, dieser Seufzer kommt dir von Herzen und du bereust, deiner vortrefflichen Wohltäterin je Anlaß zu Unzufriedenheit gegeben zu haben.»

Wohltäterin! Wohltäterin! dachte ich. Alle nennen Mrs. Reed meine Wohltäterin; wenn sie das ist, dann ist eine Wohltäterin etwas Widerwärtiges.

«Sagst du abends und morgens deine Gebete?» fuhr er mit dem Verhör fort.

«Ja, Sir.»

«Liest du deine Bibel?»

«Manchmal.»

«Mit Freude? Hast du sie gern?»

«Ich habe die Offenbarung gern und das Buch Daniel, und die Schöpfungsgeschichte und Samuel, und ein bißchen vom Auszug der Kinder

Israel aus Ägypten und einige Teile aus den Königen und der Chronik, und Hiob und Jonas.»

«Und die Psalmen? Hoffentlich liebst du sie auch?»

«Nein, Sir.»

«Nein? O schrecklich! Ich habe einen kleinen Knaben, er ist jünger als du und kann schon sechs Psalmen auswendig; und wenn man ihn fragt, was er lieber tue wie Pfeffernußkuchen essen oder einen Vers aus den Psalmen lernen, dann sagt er: ‹Oh, den Psalmenvers! die Engel singen Psalmen, und ich will hier auf Erden ein kleiner Engel sein›; das sagt er, und dann bekommt er als Belohnung für seine kindliche Frömmigkeit zwei Pfeffernußkuchen.»

«Psalmen sind nicht interessant», bemerkte ich.

«Das beweist, daß du ein böses Herz hast; du mußt Gott bitten, dir ein neues, reines zu schenken, dir dein Herz von Stein wegzunehmen und dir dafür ein Herz von Fleisch zu geben.»

Wilson verstand Erziehung als Unterdrückung. Wie sehr christliche Nächstenliebe damit pervertiert wurde, dokumentiert eine andere Stelle aus Charlottes Roman, in der sie Brocklehurst über Demut nachdenken läßt: *Demut ist eine christliche Tugend und steht besonders den Zöglingen von Lowood gut an; ich achte daher darauf, daß ihrer Pflege bei den Schülerinnen besondere Sorgfalt gewidmet wird. Ich habe mir lange überlegt, wie das weltliche Gefühl des Stolzes in ihnen am besten abzutöten ist; und erst vor wenigen Tagen bekam ich einen erfreulichen Beweis des Erfolgs. Meine zweitälteste Tochter, Augusta, ging mit ihrer Mutter die Schule besuchen, und bei ihrer Rückkehr rief sie: «Oh, lieber Papa, wie still und unansehnlich die Mädchen in Lowood alle aussehen mit dem straff hinter die Ohren zurückgekämmten Haar und den großen Schürzen – sie sind ganz wie die Kinder der Armen! und sie staunten mich und Mama an, als hätten sie noch nie ein seidenes Kleid gesehen!» Das sagte sie.*[14]

Das Lehrerkollegium war von den neuen Schülerinnen aus Haworth wenig angetan. Über Maria notierten die Lehrer in der Schulkladde: «... liest anständig, schreibt ganz gut, kann auch ein bißchen rechnen, ist in Handarbeit sehr schlecht, weiß ein wenig über Geographie und Geschichte, macht auch zaghafte Fortschritte im Französischen, hat aber keine Ahnung von der Grammatik.» Elizabeths Leistungen erschienen den Schulmeistern gänzlich indiskutabel: «Kann ein bißchen lesen, schreibt ganz nett, hat vom Rechnen keine Ahnung und ihre Mitarbeit ist mangelhaft; ansonsten weiß sie so gut wie nichts.» Charlotte kam nicht viel besser weg: «Alles in allem gescheit für ihr Alter; sie besitzt aber kein systematisches Wissen.» Über die Jüngste, Emily, ließ sich ohnehin nicht viel sagen: «Macht leidlich mit und liest ganz hübsch.»[15]

«Der Saal, in dem Maria schlief, war ein langgezogener Raum, der auf

Der Speisesaal in Lowood.
Holzschnitt von Fritz Eichenberg zu «Jane Eyre»

beiden Seiten mit einer Reihe schmaler kleiner Betten für die Schülerinnen ausgestattet war. Am Ende des Schlafsaals befand sich eine kleine Schlafkammer, die zum Saal hin geöffnet war; dieser Raum gehörte Miss Scratched. Marias Bett stand neben der Tür zu diesem Zimmer. Eines Morgens ging es Maria so schlecht, daß man ihr ein Zugpflaster verpaßte. Da ertönte die Glocke, die die Schülerinnen jeden Morgen aus dem Schlaf riß. Die arme Maria stöhnte und sagte, es gehe ihr so schlecht, so furchtbar schlecht, und sie wolle lieber im Bett bleiben. Einige der Mädchen rieten ihr, nicht aufzustehen, und versprachen, es Miss Temple zu erklären. Doch Miss Scratched hörte das, reagierte verärgert und bestand darauf, daß Maria aufstand. So mußte sich das kranke Kind anziehen, zitternd vor Kälte. Langsam und mühsam zog es die schwarzen Wollstrümpfe über die dünnen weißen Beine... In diesem Augenblick trat Miss Scratched aus ihrem Zimmer und ergriff Maria, ohne das kranke und verängstigte Kind auch nur ein Wort zu fragen oder ihm Gelegenheit zu einer Erklärung zu geben, roh an dem Arm, auf den das Zugpflaster geklebt war, riß es mit einer heftigen Bewegung aus dem Bett und schleuderte es auf den Fußboden. Dabei beschimpfte sie es fortwährend wegen seiner angeblich schmutzigen und unordentlichen Gewohnheiten und ließ es auf dem Boden liegen. Maria sagte kein Wort. Sie bat nur die Mädchen, die darüber sehr empört waren, zu schweigen. Mit langsamen, zitternden Bewegungen – sie blieb zwischendurch immer wieder stehen – ging Maria zuletzt nach unten. Dort wurde sie fürs Zuspätkommen bestraft.»[16]

Die Brontë-Mädchen nahmen allen Schimpf, alle Strafen und Peinigungen schweigend und mit großen, traurigen Augen hin. Die Lehrer machte das nur noch wütender, denn sie deuteten dieses Verhalten als Verstocktheit.

Die vier Schwestern konnten sich an das Leben in Cowan Bridge nicht gewöhnen. Es muß für die Kinder ein Schock gewesen sein, nun so gut wie jeglicher Privatsphäre beraubt zu sein und beinahe rund um die Uhr beaufsichtigt zu werden. Von ihrem Elternhaus waren sie es gewohnt, ohne allzu großen Zwang zu leben. Ihr Verhältnis zu den Erwachsenen war von gegenseitigem Respekt geprägt: Sie achteten die Wünsche der Großen, und diese ließen dafür ihren kindlichen Bereich unangetastet. Nun war ihr ganzes Leben mit beinahe militärisch-strenger, religiös verbrämter Akkuratesse geordnet. Hier wurde ohne jedes Einfühlungsvermögen befohlen und verordnet. Das einzige Ziel schien darin zu bestehen, den Kindern seelische und körperliche Qualen zu bereiten. *Die achtzig Mädchen saßen gerade und ohne sich zu rühren in ihren Bänken, ungefähr zwanzig von ihnen waren schon fast erwachsen. Die einheitlichen, streng geschnittenen braunen Kleider mit dem leinenen Arbeitsbeutel am Gürtel, die schwarzen Wollstrümpfe und die derben Schuhe mit den Messingschnallen standen ihnen schlecht zu Gesicht und ließen selbst die hübschesten Mädchen wunderlich aussehen.*[17]

Wilsons Lehrer verdammten Fehler als Verbrechen, nannten Begriffsstutzigkeit Sünde und betrachteten kindliche Verspieltheit als Gottlosigkeit. Wilsons religiöser Sadismus ging so weit, daß seine Zöglinge nicht nur psychisch unter Druck gesetzt, sondern auch körperlich gepeinigt wurden. Das Essen war spärlich, ungesund, widerwärtig. *Der Duft, der den Speisesaal durchzog, war kaum appetitlicher als der vom Frühstück. Das Mittagessen wurde in großen, dampfenden Blechschüsseln aufgetra-*

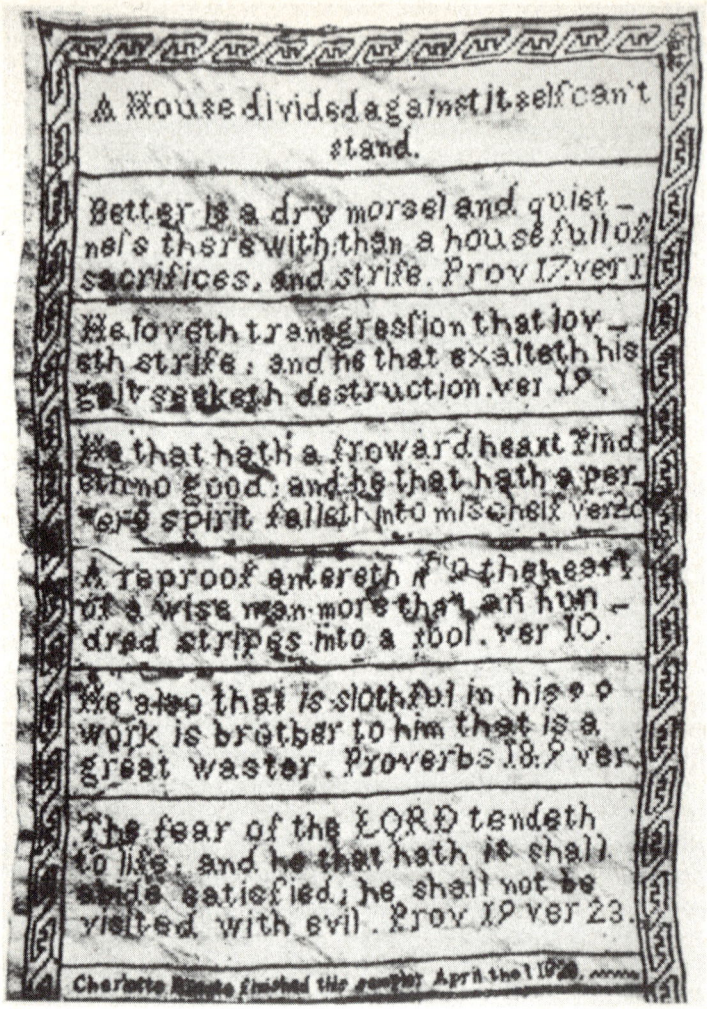

Stickerei von Charlotte

gen, denen ein Geruch von ranzigem Fett entstieg; es bestand aus einer
Mischung von faden Kartoffeln und zähen Fleischstückchen. Ich aß, soviel
ich hinunterbrachte, und fragte mich, ob die Mahlzeiten wohl jeden Tag so
sein würden.[18]

Zu dieser barbarischen Behandlung kam, daß die Schule ein unfreundlich anmutendes, düsteres Bauwerk war – das Pfarrhaus in Haworth mußte dagegen trotz seiner bescheidenen Ausstattung wie ein Märchenschloß wirken – und in einem tiefen, feuchten Tal lag. Die Schul- und Schlafräume waren ständig kühl, naß und sehr schlecht belüftet. *Der nächste Tag begann wieder mit Aufstehen und Ankleiden beim Schein des Nachtlichts, aber an diesem Morgen brauchten wir uns nicht zu waschen: Das Wasser in den Krügen war gefroren. Das Wetter hatte über Nacht umgeschlagen, es wehte ein heftiger Nordostwind, er drang durch die Ritzen der Fenster unseres Schlafsaals und machte uns in unseren Betten schaudern vor Kälte. Die anderthalb Stunden Beten und Bibellesen ließen mich fast erfrieren. Endlich war es Zeit zum Frühstück, und heute war der Haferbrei nicht angebrannt; er war eßbar, aber es gab nur wenig – ich hätte gern doppelt soviel gehabt.*[19] Jeder Tag war ein Kampf ums Überleben.

Maria wurde krank, Tuberkulose. Sechs Monate hatte sie in der Schule ausgehalten. Am 14. Februar 1825 schickte die Schulleitung sie heim, doch zu spät. Sie starb am 6. Mai. Ende Mai folgte Elizabeth nach Hause. Auch sie war todkrank und starb schon nach wenigen Tagen. Daraufhin nahm Patrick Brontë seine beiden anderen Töchter, Charlotte und Emily, sofort von der Schule. Das so hoffnungsfrohe Unternehmen war in eine Tragödie umgeschlagen. Über eine andere Schule sprach man im Hause Brontë vorerst nicht mehr.

Die Brontës hatten in Cowan Bridge zum erstenmal in ihrem Leben das Fürchten gelernt; diese Erlebnisse vergaßen sie nie. Charlotte wurde 1848 – 24 Jahre später – gefragt, ob es sich empfehle, ein Mädchen nach Cowan Bridge zu schicken. *Mein persönliches Wissen*, schrieb sie zurückhaltend, *über dieses Institut ist nicht mehr auf dem neuesten Stand... Als ich vor zwanzig Jahren auf diese Schule ging, steckte sie noch in den Kinderschuhen, wurde regelmäßig von Typhus und Schwindsucht heimgesucht, und die Schülerinnen litten unter übler Luft, verseuchtem Wasser und schlechtem, ungenügendem Essen. Damals jedenfalls wäre Cowan Bridge kein geeigneter Ort für eines von Mrs. Chaphams Kindern gewesen!*[20]

Das Desaster von Cowan Bridge hatten im Gefüge der Familie einiges verändert. Obwohl in der damaligen Zeit der Tod eines Kindes fast schon etwas Alltägliches war, konnte Patrick diese Schicksalsschläge – zuerst der Verlust seiner Frau, dann der Tod der beiden ältesten Töchter kurz nacheinander – nicht so rasch überwinden. Vielleicht machte er sich auch Vorwürfe, weil er Cowan Bridge für seine Töchter ausgesucht hatte. Auch Branwell, der ein besonders inniges Verhältnis zu Maria entwickelt hatte, zeigte sich betroffen und schien ihren Tod lange nicht verwinden zu können. Die Familie schloß sich jetzt noch enger zusammen und kapselte sich nach außen hin noch stärker ab. Und Patrick zog sich noch mehr vom gemeinsamen Leben im Haus zurück.

Tante Branwell sorgte weiterhin aufopfernd für den Haushalt und nahm ihre dilettantischen Unterrichtsstunden wieder auf; doch ansonsten lebte sie für sich allein – eine kleine, hektische Frau in altmodischen Kleidern, die zwar leicht gerührt war, aber nie eine tiefere emotionale Beziehung zu einem Menschen in ihrer Umwelt entwickelte. Sie brachte den Mädchen Hymnen bei, las ihnen aus ihren Zeitschriften vor, Erbauliches und Klatsch, Politik und Kunst, und legte vor allem auf methodistische Gebete großen Wert: eine ungereimte, naive Welt aus Höllenfeuer, Engeln und in alle Ewigkeit verdammten Sündern, umrahmt von Halbwissen und Tagesklatsch. Die Mädchen waren stärker als je zuvor auf sich selbst angewiesen.

Charlotte hatte ganz selbstverständlich die Führungsrolle übernommen. Sie war ein sehr nachdenkliches, für ihr Alter viel zu ernstes Kind. Man merkte ihr deutlich an, daß sie begriffen hatte, welche Verantwortung sie für ihre kleineren Geschwister trug – obwohl sie gar nicht so viel älter war: Emily war nur zwei Jahre jünger als sie. Der Altersunterschied führte wohl auch dazu, daß Charlotte sich mehr an Branwell anschloß und Emily und Anne eine besonders innige Beziehung zueinander entwickelten.[21] Doch das bedeutete nicht, daß die Geschwister in zwei Parteien nebeneinanderher lebten. Im Grunde harmonierten sie alle vier ausgezeichnet miteinander. Die Welt draußen, von der sie bis jetzt nichts Gutes erfahren hatten, verblaßte, hörte auf zu existieren und reduzierte sich auf interessante Neuigkeiten per litteris. Die Welt der Brontë-Kinder war das enge Pfarrhaus, waren die einsamen Moore – im Grunde ein sehr beschränkter Lebensraum, der keine großartige intellektuelle und kreative Entwicklung verhieß.

Tagträume

Wenn sich die ganze Welt gegen einen Menschen wendet, wenn er um sich herum nur Mißgunst und Feindschaft zu spüren bekommt, wenn keiner ihn liebt – läßt es sich in einer so schrecklichen Isolation überhaupt leben? In dieser Lage befindet sich Jane, ein kleines Mädchen, dessen Schicksal Charlotte Brontë in ihrem Roman *Jane Eyre* schildert. Janes Lehrerin gibt ihr einen merkwürdigen Rat: *Jane, du denkst zuviel an die Liebe der Menschen, du bist zu impulsiv und zu heftig; die Hand des Höchsten, der dich schuf und dir Leben gab, weist dir eine andere Zuflucht als nur dein schwaches Ich und schwache Geschöpfe deinesgleichen. Außer dieser Erde und der Menschheit gibt es eine unsichtbare Welt und ein Königreich der Geister; diese Welt ist rings um uns, sie ist überall, und wenn wir vor Schmerz und Scham glauben, sterben zu müssen, wenn Verachtung und Haß von allen Seiten auf uns eindringen und uns niederstrecken, dann sehen die Engel unsere Qualen und erkennen unsere Unschuld, und Gott gibt uns die Krone des Lebens, wenn Seele und Leib sich getrennt haben.*[22] Also der Hinweis auf das Jenseits als Trost für ein armseliges Diesseits! Das ist an sich nichts Ungewöhnliches, denn es ist eines der Grundprinzipien des christlichen Glaubens. Für Charlotte Brontë gibt es außer diesem Paradies aber noch eine andere, unsichtbare Welt, in der man bereits hier auf Erden leben kann, die Welt der Phantasie, das Reich der Tagträume.

Die Einsamkeit des Mädchens Jane gleicht der Einsamkeit der Schwestern Brontë. Einsam und auf sich gestellt waren sie herangewachsen. Zu den Bewohnern des Dorfs pflegten sie so gut wie keinen Kontakt, ebensowenig trafen sie sich mit Verwandten oder Bekannten. Wahrscheinlich ließ man sie in Haworth einfach links liegen. Vielleicht hielt man sie für arrogant, denn sie mischten sich – mit Ausnahme von Branwell – selten unter die Leute. Man übersah sie, tat sie als wunderlich ab. Ums Dorf schlichen sie sich herum, die notwendigen Einkäufe erledigte das Hauspersonal; dafür regierten sie im Pfarrhaus. Sie waren aber keine Stubenhocker: Stundenlang wanderten sie einsam über die weiten Moore. Der Besuch der Schule von Cowan Bridge war nur ein Ausflug gewesen, ein böser Traum, von dem sie nach einem halben Jahr erlöst worden waren. Allerdings waren sie nun um eine Erfahrung reicher: Sie hatten die wirkliche Einsamkeit kennengelernt, die Einsamkeit unter den vielen anderen Kindern in jener schrecklichen Schule. Das Leben in Haworth empfanden sie trotz ihrer Isolation nicht als einsam; dort waren sie frei, fühlten sich glücklich. In Cowan Bridge hatten sie wohl zum erstenmal ganz deutlich begriffen, daß die Welt um sie herum, die bislang nur schemenhaft als Ahnung existiert hatte, teuflisch und häßlich, ja sogar mörderisch sein konnte. Immerhin hatte sie Maria und Elizabeth das Leben gekostet.

Nun, da sie wieder im Pfarrhaus lebten, versuchten sie, die Erlebnisse von Cowan Bridge so rasch wie möglich zu verdrängen. Sie spielten, lasen, diskutierten und träumten zusammen oder unternahmen lange Wanderungen über das Moor. «Als Kinder», so erinnerte sich der Vater sehr viel später, «pflegten Charlotte, ihr Bruder und ihre Schwestern, sobald sie lesen und schreiben konnten, eigene kleine Stücke zu erfinden und aufzuführen.»[23] Da ging es heiß her, und man stritt sich lebhaft, ob beispielsweise Charlottes Lieblingsheld, der Herzog von Wellington, mit Bonaparte, Hannibal oder Caesar konkurrieren konnte. Oft mußte der Vater eingreifen und mit seinen Argumenten den Streit schlichten. Obwohl Patrick Brontë sich sehr von seinen Kindern fernhielt, fiel ihm auf, wie sehr sie sich von anderen Kindern unterschieden: «Wenn ich eine solche Auseinandersetzung zwischen ihnen geschlichtet hatte, glaubte ich oft, eine Begabung an meinen Kindern entdecken zu können, die ich selten oder eigentlich nie zuvor bei anderen in diesem Alter beobachtet hatte. Da sie in ihrer Zurückgezogenheit auf dem Land wenig Gelegenheiten hatten, an gelehrter und geschliffener Gesellschaft teilzunehmen, bildeten sie eine kleine Gesellschaft für sich – und damit, so schien es, waren sie zufrieden und glücklich ... Nachdem sie älter wurden und verschiedene gute Schulen besucht hatten, während Ferien und anderer Gelegenheiten, und nur dann, wurden ihre Abfassungen und Handlungen reifer und zeigten weniger Romantik und dafür mehr Geschmack und Urteilskraft. Sie gingen oft zusammen spazieren, in Begleitung eines Lieblingshundes, und unterhielten sich miteinander, begeistert von der wunderschönen Wildheit unserer unberührten Natur.»[24]

Patrick Brontës Bericht hört sich etwas desinteressiert an; es scheint, als ob er sich um die Beschäftigung seiner Kinder, besonders an den langen Abenden – er selbst ging gegen 21 Uhr zu Bett und überließ die Kinder im Wohnzimmer sich selbst –, kaum oder gar nicht kümmerte. Auch die Tatsache, daß alle drei Schwestern bekannte Schriftstellerinnen wurden, beeindruckte ihn nicht sonderlich. «Ich sah ihre Arbeiten immer erst, wenn sie gedruckt waren.»[25] Es störte ihn nicht, daß sie eine so welt-

Landschaft um Haworth

liche und unfromme Tätigkeit wie das Romanschreiben betrieben; es war in seinen Augen einfach ihre Angelegenheit, die ihn nicht weiter zu kümmern brauchte und wahrscheinlich auch nicht sehr interessierte. «Wenn meine Töchter zu Hause waren, lasen sie sich gegenseitig ihre Manu-

Pfarrhaus, Schule und Kirche von Haworth. Zeichnung von Elizabeth Gaskell

skripte vor und sagten sich offen, was sie davon hielten. Ich habe mich bei solchen Gelegenheiten nie eingemischt. Ich hielt es für das beste, sie sich selbst zu überlassen.»[26]

Das vermittelt den Eindruck als habe Patrick Brontë gar kein Interesse an den literarischen Ambitionen seiner Kinder gehabt, als habe er überhaupt nicht begriffen, was seine Töchter zu Papier brachten. Das trifft aber nicht ganz zu, denn Patrick Brontë war ein scharfsinniger, kluger und gebildeter Mann. Ohne seinen Einfluß hätten seine Töchter es wahrscheinlich niemals so weit gebracht. Brontë besaß eine kleine Bibliothek mit Werken aus verschiedenen Wissensgebieten. Da waren beispielsweise eine historische Grammatik, ein Anatomiebuch, eine Biographie Scotts, Werke von Dryden, Byron und Shakespeare.[27] Außerdem lieh sich die Familie regelmäßig Bücher aus der Bibliothek vom Keighleys Mechanics Institute. Die eigenen Bücher waren teilweise derart zerlesen, daß die Seiten lose in den Regalen standen (um sie neu binden zu lassen, fehlte das Geld). Wie Patrick Brontë sich sein Wissen durch wilde, ungezügelte Lektüre in der Bibliothek des Reverend Thomas Tighe angeeignet hatte, so erlaubte er auch seinen Kindern, seine Bücher zu lesen. Und es wurde alles diskutiert – nicht nur die Buchlektüre, sondern auch das, was Tagespresse und illustrierte Periodika an Neuigkeiten ins Haus brachten. Erinnerungen aus diesen Kindertagen hat Charlotte in ihrem Roman *Jane Eyre* verarbeitet: *Ich schlüpfte in den kleinen Frühstücksraum neben dem Wohnzimmer. Er enthielt einen Bücherschrank; ich holte mir ein Buch, natürlich eines mit Bildern. Dann kletterte ich auf die Fensterbank, zog meine Füße an und saß mit gekreuzten Beinen wie ein Türke; und nachdem ich den roten Vorhang aus Wolldamast fast ganz zugezogen hatte, war meine Einsamkeit fast doppelt gesichert. Falten von scharlachrotem Tuch versperrten mir die Sicht zur Rechten, zur Linken schützten mich die Fensterscheiben vor dem trübseligen Novembertag. Dann und wann schaute ich beim Umblättern der Seiten in den Winternachmittag hinaus. In der Ferne verschwamm er in einer bleichen Bank von Nebel und Wolken; im Vordergrund erstreckten sich ein nasser Rasen und sturmgepeitschtes Gebüsch, über die unaufhörlich wilder Regen hinfegte, von Windstößen gejagt.*[28]

Die Kinder lernten die Sprache als magisches Instrument kennen, das in ihrer armseligen, trostlosen Umgebung von einer Minute auf die andere phantastische Welten erstehen lassen konnte. Der Vater förderte ihre Kreativität. «Als meine Kinder sehr klein waren, als die Älteste – wenn ich mich recht erinnere – etwa zwölf war und die Jüngste ungefähr vier, kam mir der Gedanke, daß sie sicherlich mehr auf dem Herzen hatten, als mir bis dahin bekannt war. Ich überlegte mir, wie ich sie ohne Scheu und Schüchternheit zum Sprechen bringen könnte, und kam auf die Idee, ihnen eine Art Maske aufzusetzen, um ihnen ihre Befangenheit zu nehmen. Zufälligerweise hatte ich eine im Haus. Ich forderte sie auf, sich die Maske aufzusetzen und frank und frei loszuplaudern. Mit der Jüngsten, Anne, fing ich an. Ich fragte sie, was ein Kind wie sie am liebsten besäße. Sie antwortete, Alter und Erfahrung. Dann fragte ich die nächste, Emily, was ich mit ihrem Bruder Branwell machen sollte, der manchmal ein ungezogener Junge war. Sprich einmal vernünftig mit ihm, sagte sie; und wenn er darauf nicht eingeht, so gib ihm eins hinter die Ohren. Branwell fragte ich, wie man am besten den Unterschied zwischen dem Verstand eines Mannes und dem einer Frau herausfinden könne. Seine Antwort: Der Unterschied liege in der Art der Körper. Dann fragte ich Charlotte, was für sie das beste Buch der Welt sei. Die Bibel, meinte sie.»[29]

Dieser Vater hatte Ideen, die er seinen Kindern auf unsystematische Weise – im täglichen Umgang – vermittelte. Daß er sie auch in Englisch, Geographie, Geschichte und den klassischen Fächern unterrichtete, fiel sicher nicht so sehr ins Gewicht, denn als Lehrer besaß Patrick Brontë keine besonders glückliche Hand. Doch trotz seiner späteren zurückhaltenden Kommentare über die literarischen Bemühungen seiner Töchter hatte er ein besonderes Verhältnis zum Schreiben; schließlich hatte er sich

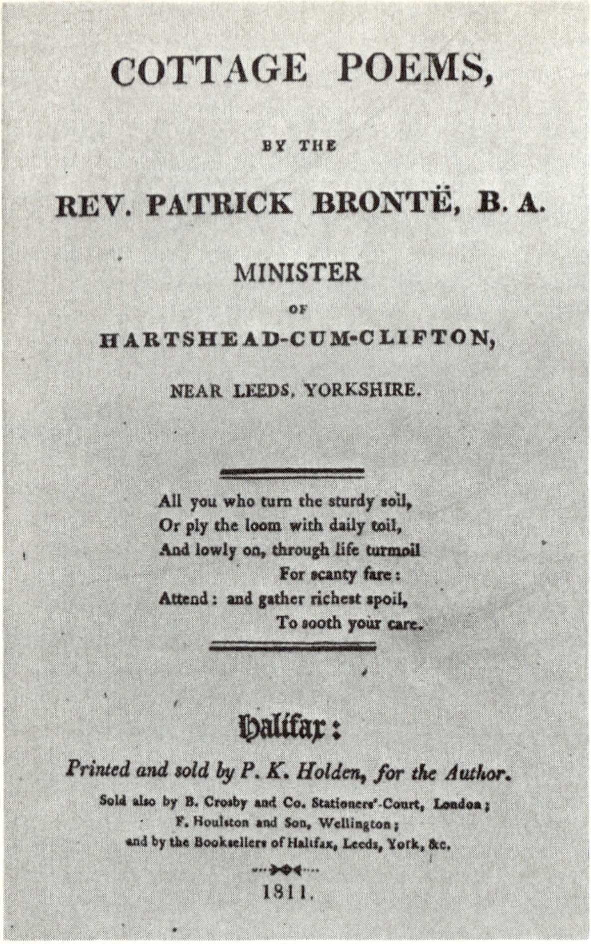

COTTAGE POEMS,

BY THE

REV. PATRICK BRONTË, B. A.

MINISTER

OF

HARTSHEAD-CUM-CLIFTON,

NEAR LEEDS, YORKSHIRE.

All you who turn the sturdy soil,
Or ply the loom with daily toil,
And lowly on, through life turmoil
For scanty fare:
Attend: and gather richest spoil,
To sooth your care.

Halifax:

Printed and sold by P. K. Holden, for the Author.

Sold also by B. Crosby and Co. Stationers'-Court, London;
F. Houlston and Son, Wellington;
and by the Booksellers of Halifax, Leeds, York, &c.

1811.

Buch von Patrick Brontë

selbst als Schriftsteller versucht und immerhin vier Bücher, drei Pamphlete und zwei Predigten veröffentlicht.[30] Von den Büchern, die er bis zum Tod seiner Frau schrieb – danach publizierte er nur noch kleinere Arbeiten –, waren zwei in Versen, zwei in Prosa verfaßt. Es waren Gedichte und Betrachtungen, nichts, was zu lesen sich heute noch lohnte; aber diese Dokumente belegen höchst anschaulich die Ambitionen Patrick Brontës. Er konnte erzählen. Auch seinen Predigten merkte man diese Gabe an. Predigen bedeutete für ihn, die Menschen in der Kirche zu fesseln. Ein Beispiel für seinen lebhaften Stil: «Da der Tag außerordentlich schön war, hatte ich meine kleinen Kinder, denen es gesundheitlich nicht so gut ging, mit den Hausangestellten weggeschickt, um sich an der frischen Luft zu erholen. Da sie länger ausblieben, als ich erwartet hatte, ging ich zu einem Fenster im obersten Stockwerk, um nach ihnen Ausschau zu halten. Der Himmel über dem Moor verdüsterte sich zusehends. Ich hörte das Grollen des entfernten Donners und sah das Leuchten der Blitze. Obwohl es vor zehn Minuten noch beinahe windstill gewesen war, kam nunmehr rasch ein Sturm auf und trieb Staubwolken vor sich her. Große Regentropfen kündigten einen kräftigen Guß an. Meine kleine Familie hatte einen Unterschlupf gesucht...»[31] Auch Maria Brontë hatte zu schreiben versucht, wenn auch weitaus weniger routiniert und beharrlich als ihr Mann. Allerdings wurde ihr Aufsatz über die Vorteile der Armut in religiösen Dingen nie veröffentlicht.[32]

Die Schwestern Brontë begannen schon ganz früh zu schreiben. So verfaßte Charlotte bereits 1824 ein kleines Büchlein als Geschenk für ihre Schwester Anne. Bald entstand aus diesen allerersten und keinesfalls bemerkenswerten schriftstellerischen Ergüssen eine wahre Schreibmanie. Der Anstoß dazu war ein an sich triviales Ereignis am 5. Juni 1826. Patrick Brontë war in Leeds gewesen und brachte ein Geschenk für Branwell mit, eine Schachtel Holzsoldaten, die sich der Junge als Ersatz für seine dezimierte Holzsoldatenarmee gewünscht hatte. Für die Mädchen hatte Patrick ein Kegelspiel, eine Tanzpuppe und ein Spielzeugdorf gekauft. *Als Papa heimkam, war es Nacht, und wir waren schon im Bett. Am nächsten Morgen kam Branwell mit einer Schachtel Soldaten an unsere Tür. Emily und ich sprangen aus dem Bett, und ich schnappte mir einen der Soldaten und rief: «Das ist der Herzog von Wellington!» Kaum hatte ich das gesagt, ergriff Emily auch einen Soldaten und rief: «Der gehört mir!» Dann kam Anne herunter und wollte auch einen. Ich hatte den hübschesten und größten Soldaten von allen; er war in jeder Hinsicht vollkommen. Emily hatte einen ernsthaft dreinschauenden Kerl, den wir «Feierlich» nannten. Annes Soldat sah klein und komisch aus, fast so wie sie selbst, und wir nannten ihn Page. Branwell wählte sich auch einen aus und gab ihm den Namen Buonaparte.*[33]

Die Holzsoldaten setzten einen Prozeß in Gang, dessen Ausgang in diesem Augenblick noch nicht abzusehen war: Die hölzernen Spielzeugfiguren bekamen Leben. Die Geschwister erfanden Namen und Biographien. *Wir haben mit unseren Spielen begonnen: im Juni 1826 mit «Die zwölf jungen Männer», im Juli 1827 mit «Unsere Kameraden» und im Dezember 1827 mit «Die Inselmenschen». Das sind unsere drei großen Spiele, die wir nicht geheimhalten. Emilys und meine Spiele im Bett haben wir am 1. Dezember 1827 erfunden, die anderen im März 1828. «Spiele im Bett»*

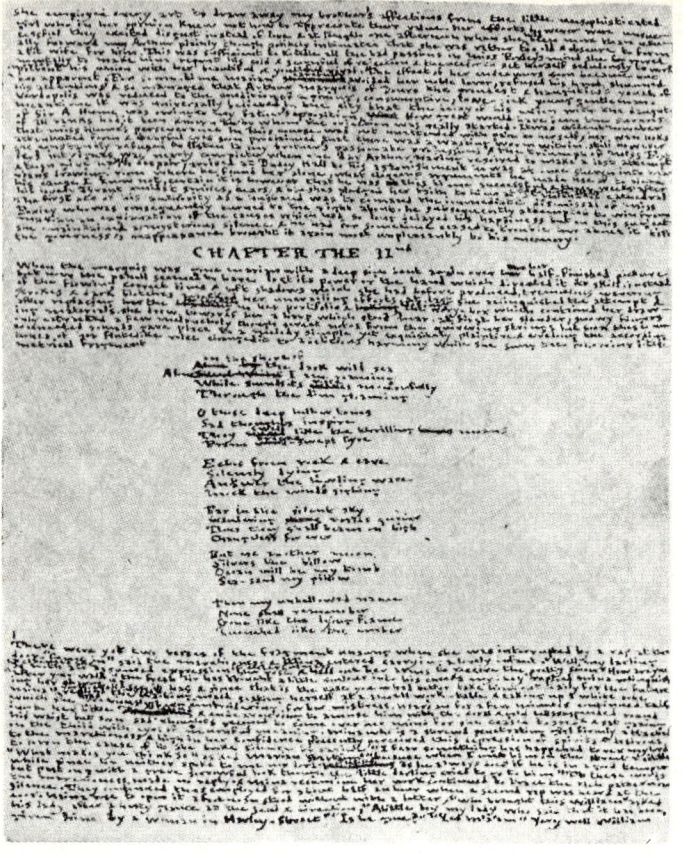

Manuskriptseite aus Charlottes «The Secret» im Originalformat

bedeutet soviel wie geheime Spiele; das sind die hübschesten. Alle unsere
Spiele sind sehr eigenartig. Darüber, so denke ich, brauche ich nichts zu
Papier zu bringen, weil ich immer daran denken und sie niemals vergessen
werde. Das Spiel «Die zwölf jungen Männer» begann mit ein paar Holzsoldaten, die Branwell besaß. «Unsere Kameraden» hatte seinen Ursprung in
den Fabeln von Äsop, und zu den «Inselmenschen» wurden wir durch verschiedene Ereignisse inspiriert.[34]

Für die Holzsoldaten aus Leeds dachten sich die Geschwister höchst
differenzierte Spiele aus. Die Helden erhielten komplizierte Charaktere,
in denen sich natürlich die Persönlichkeit ihrer Erfinder spiegelte. Die

zwölf jungen Männer waren nicht nur ein launiger Einfall; ihre fiktive Existenz sollte sich über Jahre hinziehen. Wenn die Brontës spielten, identifizierten sie sich völlig mit ihren Figuren. An den langen Abenden im Pfarrhaus – man saß am Tisch oder marschierte in der Stube herum – und auf den langen Spaziergängen über die einsamen Moore erzählten sich die Kinder gegenseitig von ihren Helden und deren Erlebnisse; sie spielten Szenen, berichtigten, ergänzten, woben gemeinsam das komplizierte Gefüge einer wilden, riesenhaften Saga. Aus einer Vielzahl verschiedenster Spiele, die Charlotte und Emily abends vor dem Einschlafen im Bett besprachen und erprobten oder die Charlotte mit Branwell zusammen fabulierte, entstand schließlich ein gemeinsames, gigantisches Phantasieabenteuer, das in einer ganz anderen Welt spielte.

Die zwölf jungen Helden der Brontës verließen England auf einem Schiff namens Invincible. *Wie ich zuvor erwähnt habe, gingen wir am 1. März des Jahres 1793 von England aus unter Segel. Am 1. kam die spanische Küste in Sicht. Am 16. landeten wir kurz. Wir kauften Vorräte an Lebensmitteln und so weiter. Am 20. stachen wir wiederum in See. Um die Mittagsstunde am 25. rief Henry Clinton, der sich zufällig in der Takelage befand, zu uns herunter, daß er das Auge des Taifuns erblicke. Binnen Minutenfrist waren wir alle an Deck, starrten unverwandt und erschrocken in Richtung eines Berglandes, über dem wir deutlich den ominösen Fleck hoch im Himmel hängen sahen ...*[35] Das Schiff strandete an der Küste Guineas. Die mutigen Zwölf retteten sich vor dem Angriff der Schwarzen und gründeten das Königreich Angria, das sie selbst regieren. Nach und nach entwickelte sich die Geschichte und immer mehr Details wurden hinzugefügt. In Angria gab es eine Zeitung und eine Zeitschrift, die von den mutigen Zwölf herausgegeben wurde, und außerdem ein biographisches Sammelwerk, das die Lebensläufe seiner bekanntesten Bewohner verzeichnete.

Eine derart ausufernde Geschichte mit so vielen Nebensträngen, Ergänzungen und Exkursen konnte nicht auf das bloße Erzählen und Debattieren beschränkt bleiben. Die unzähligen Einzelheiten mußten irgendwie fixiert werden. Die Kinder wußten, daß ihr Vater zwei Bücher veröffentlicht hatte; schließlich standen sie stolz in der Bibliothek. Warum also nicht selbst die Annalen Angrias zu Papier bringen? Die Zeitung und die Zeitschrift waren der Ausgangspunkt. Es bot sich an, dieses Medium einfach nachzuahmen. Branwell begann im Januar 1829 die *Zeitschrift der Jungen Männer* herauszugeben. Die Blätter wurden sorgfältig mit Faden zusammengeheftet und in Deckblätter aus gewöhnlichem blauem oder braunem Einwickelpapier aus Haworths Läden eingebunden. Die Heftchen sollten wie gedruckt ausschauen; deshalb gab sich Branwell mit seinen Druckbuchstaben große Mühe. Die Schrift geriet

Glasstown, die Hauptstadt von Angria. Von Charlotte bearbeitete Lithographie, nach einem Gemälde von John Martin

tatsächlich so akkurat und winzig, daß man sie mit bloßem Auge häufig gar nicht lesen konnte.

In diesen Heftchen fixierten die Geschwister das Leben Angrias. Die Arbeit teilten sie sich auf. Charlotte interessierte sich mehr für die gefühlsmäßige Seite; sie schrieb über die Entwicklung der Menschen, ihre Liebeserlebnisse und ihre psychologische Entwicklung. Branwell erfand Kriege und Revolutionen, schuf den politischen Hintergrund.

Der Eifer der jungen Schriftsteller war unermüdlich. Über sechzehn Jahre lang widmeten sie sich dem gemeinsamen Werk. Die Schlafzimmer der Kinder und das Wohnzimmer füllten sich mit den Miniaturakten Angrias. Tag für Tag, Monat für Monat saßen Branwell und Charlotte schweigend da und brachten die Dokumente ihrer Gedankenwelt zu Papier. Wie viele Hefte es waren, wissen wir nicht. Wahrscheinlich sind viele verlorengegangen oder wurden später von Charlotte vernichtet. Über einhundert aber blieben erhalten.[36]

Charlotte und Branwell entwickelten auch ein lebhaftes literarisches und künstlerisches Interesse. Sie verfaßten Essays, Gedichte, Rezensionen fiktiver Bücher und Kunstwerke, Diskussionsbeiträge, Leserbriefe, ja sogar Anzeigen für die Zeitschrift Angrias. Anfangs wirkten diese Texte recht kindlich und unreif; doch sie gewannen rasch an Format und sprachlichem Schliff und ließen eine erstaunliche Bildung ahnen. Charlotte wurde bald von einem derartigen Arbeitseifer ergriffen, daß sie die Zeitschrift allein fortführen wollte. Sie bedrängte Branwell, ihr die Herausgeberschaft zu überlassen und selbst etwas Neues anzufangen. Branwell stimmte zu und erfand im Juli 1829 eine neue Zeitung. Charlotte nannte das Magazin *Blackwood's Young Men's Magazine*.

Guinea oder Aschantee, so begann Charlotte im 1. Kapitel der Zeitschrift mit den historischen Grundlagen des angrianischen Abenteuers, *ist ein großes Land, oder besser: eine Reihe von Ländern, die sich 1700 Meilen von Osten nach Westen und 500 Meilen von Norden nach Süden erstrecken. Im Osten wird es von gewaltigen Wüsten begrenzt, die sich bis tief ins Innere Afrikas hineinziehen. Die westliche Grenze ist der Atlantik, die südliche der Golf von Guinea, und im Norden wird das Reich von dem weit ausladenden Gebirge Jibble Kumri (auch «Mondberge» genannt) begrenzt. Wann und von wem dieser Teil Afrikas zum erstenmal bevölkert wurde, kann man nach so langer Zeit nicht mehr mit Sicherheit feststellen, aber wahrscheinlich waren die ersten Bewohner die alten Briten und Gallier, die einige Zeit zuvor (um 2000 vor unserer Zeitrechnung) herüberkamen und den Südteil bevölkerten. Was aus ihnen geworden ist, wissen wir nicht. Einige – darunter auch der Verfasser der Romantischen Geschichte, die vor 20 oder 30 Jahren veröffentlicht wurde – nehmen an, daß sie nach ständigen, grauenvollen Kriegen, die viele Jahre dauerten, wieder in ihre*

Heimatländer zurückkehrten. Andere Autoren dagegen behaupten, daß sie für alle Ewigkeit von den herzlosen Ungeheuern, den Groß-Genien, ausgerottet und vernichtet worden seien, weil sie sich tapfer und voll Edelmut gegen die Greuel und infame Unterdrückung dieser Bestien auflehnten.[37]

Mit Akribie erfanden Charlotte und Branwell unzählige Lebensläufe und hielten sie fest, so zum Beispiel die Geschichte des Sergeant Bud, eines bemerkenswerten Gauners: *Dieser Mensch steht jetzt in seinem 25. Lebensjahr. Er ist groß und dünn. Sein Gesicht, obwohl eigentlich knochig, wirkt voll, und sein Profil ist sogar hübsch. Sein Auge blitzt; und alles in allem genommen sieht er gar nicht übel aus. Er ist ein gewandter Rechts-*

Karte von Angria,
gezeichnet
von Branwell Brontë

anwalt, und ein mächtiger Lügner, unverschämt und von einer eisernen
Stirn. Schriftlich drückt er sich zwar etwas weitschweifig aus, ist jedoch ein
erzgeschickter Disputierer. An seinen kleinlichen Geiz reicht nur noch
seine Verruchtheit heran. Er ist gleichzeitig ungesellig und von widerlich
stem Stolz; ein ebenso verstaubter Bücherwurm wie großmaßstäblicher
Schuft. Kurzum: er ist der echte Sohn seines Vaters! – Jedermann kann ihn
bestechen – wie ich auf meine eigenen Kosten in Erfahrung gebracht habe.
Ins Gesicht hinein schmeichelt er einem, trotz dem aalglattesten Höfling;
hinter dem Rücken verleumdet er einen, nach echter Schurkenweise... Es
ist eine ausgesprochene Schande, daß Tallii ihn derart in Schutz nimmt! Die

49

Männer, die ihn seinerzeit durchprügelten, haben völlig recht gehandelt;
und wenn es nach mir ginge, ließe ich ihn zunächst kielholen; dann bekäme
er 70 mit der neunschwänzigen Katze aufgezählt; dann ließe ich ihn, ver-
kehrt auf einem Kamel sitzend, durch ganz Glasstadt führen; und zum
Schluß an einen 60 Fuß hohen Galgen hängen – wenn er dann tot wäre,
könnte man ihn herunter schneiden und die Chirurgen dürften ihn sezie-
ren.[38]

Natürlich griffen Charlotte und Branwell ihre kunterbunte Phantasie-welt nicht aus der Luft. Die Versatzstücke entstammten ihrer Lektüre: Zeitschriften, Illustrierten und Büchern. Auch von den Nachrichten, die sie von der Tante und dem Vater erfuhren, ließen sie sich inspirieren.[39]

In der mächtigen Sage, die Charlotte und Branwell über so viele Jahre hinweg mit Liebe und Hingabe woben, in den Einfällen, den Charakteren und dem sprachlichen Duktus, spiegelt sich die geistige Entwicklung der Kinder. Was anfangs noch eine ungezügelte Kinderphantasterei war, ge-wann bald reifere Züge: Nicht nur die Realität Englands, von der sie durch die Zeitungen erfuhren, auch die unmittelbare Wirklichkeit der Gesellschaft in Yorkshire – die sozialen Probleme des beginnenden Indu-striezeitalters beispielsweise – spiegelte sich in den spielerischen Kritze-leien der Kinder. Die Welt Angrias rückte näher an die Wirklichkeit des Lebens heran. Noch ein Gesichtspunkt ist interessant: Die Lektüre der Miniaturhefte zeigt dem aufmerksamen Leser, wie die Kinder sich nach und nach das Handwerkszeug des Schriftstellers aneigneten: anfangs die ungeschickten, unsicheren Versuche, das Ausgedachte mitzuteilen, dann unverkennbar eine wachsende Leidenschaft, Routine und Gestaltungs-kraft.

1830 wurde Patrick Brontë ernstlich krank. Seine leichte Dauererkäl-tung war zu einer schweren Erkrankung, vielleicht einer heftigen Bron-chitis oder gar einer Lungenentzündung geworden. Er nahm sich auf dem Krankenlager wieder einmal vor, seinen Töchtern endlich eine Ausbil-dung angedeihen zu lassen, die es ihnen ermöglichen sollte, ihren Lebens-unterhalt zu verdienen.

An einem Januarmorgen des Jahres 1831 rumpelte ein bedeckter Wa-gen von Haworth in Richtung Huddersfield. Charlotte sollte wieder eine Schule besuchen, ein neuer Versuch. Ihre Paten Thomas Atkinson und seine Frau hatten sich bereit erklärt, Patrick Brontë dabei finanziell zu unterstützen. Es war eine kleine Schule; als Charlotte nach Roe Head kam, gab es dort nur zehn Schülerinnen. Die Schulleiterin Margaret Woo-ler war viel liebenswerter als Miss Temple von Cowan Bridge. Sie war der französischen und italienischen Sprache mächtig. Von ihren Schülern wurde sie geliebt – was keine Selbstverständlichkeit war, wenn man an das eiserne Regiment denkt, das in Cowan Bridge herrschte und damals durchaus der übliche Erziehungsstil war. Essen gab es reichlich, die Zimmer waren warm und gut gelüftet und die Schülerinnen bekamen genügend Schlaf und frische Luft. Die Räume waren groß und freundlich, und was noch wichtiger war: Die Schule praktizierte – im Gegensatz zu Cowan Bridge – einen beinahe liberal zu nennenden Erziehungsstil. Gestraft wurde nicht mit dem Stock, sondern mit psychologischem Geschick, und an Lob wurde nicht gespart: Wer sich besonders hervorgetan hatte, durfte sich eine silberne Medaille anstecken. Miss Wooler brachte ihren Schülerinnen Zuneigung und wirkliches Interesse entgegen.

Dennoch war Charlotte nicht glücklich. Sie fühlte sich in Roe Head wie ausgesetzt; die Geschwister fehlten ihr, die vertraute Umgebung. Hinzu kam, daß sich die Fünfzehnjährige in ihrer neuen Umgebung sehr unsicher bewegte, denn ihre Armut war schon an ihrer Kleidung nur allzu deutlich zu erkennen. Außerdem kannten die Lehrer sie noch nicht und stuften sie zuerst einmal in die Klasse der jüngsten Mädchen ein. An Spielen nahm Charlotte selten teil. Sie geizte mit ihrer Zeit. Ihr Pflichtgefühl war überwältigend: Sie war von der Familie nach Roe Head geschickt worden, um etwas zu lernen – und nicht zum Vergnügen. Dieses Verantwortungsbewußtsein war bei Charlotte sehr ausgeprägt und bestimmte ein Leben lang ihr Denken und Handeln. Sie war die Älteste, und dies war ihr bewußt. Sie mußte vernünftig sein, dabei hatten ihre persönlichen Wünsche und Ängste zurückzustehen. Der Vater konnte es sich nicht leisten, seine älteste Tochter lange auf der Schule zu lassen, also mußte sie in möglichst kurzer Zeit etwas lernen, um dieses Wissen an ihre Geschwister weitergeben zu können. Daher paßte sie sich an und begehrte niemals auf.

Anfangs hatte Charlotte Schwierigkeiten im Unterricht. Einerseits war sie den anderen Schülerinnen durch ihre Belesenheit und gedankliche Gewandtheit, durch ihre Schreibfreudigkeit, die fast an Besessenheit grenzte, weit voraus; andererseits hatte sie – wie sich schon beim Aufenthalt der Brontës in Cowan Bridge herausgestellt hatte – beträchtliche Wissenslücken und beherrschte bei weitem nicht alle Fertigkeiten, die die herkömmliche Erziehung damals von einem Mädchen verlangte. Diese Probleme sollten zwar rasch überwunden werden, doch in den ersten Wochen trugen sie sehr zu Charlottes niedergedrückter Stimmung bei. Sie litt still, war in sich gekehrt. Jede Woche schrieb sie voller Heimweh einen Brief ins Pfarrhaus. Trotzdem wuchs sie erstaunlich rasch in die Schulgemeinschaft von Roe Head hinein. Miss Wooler begriff schnell, daß Charlotte zwar ein eigenartiges, doch außergewöhnliches und begabtes Kind war. Sie stufte sie in die Klasse der älteren Mädchen ein und versuchte ihre Talente zu fördern. Charlotte quittierte dieses Vertrauen mit Engagement und hervorragenden Leistungen. Sie war

Ellen Nussey,
von Charlotte gezeichnet

Ellen Nusseys Elternhaus: Rydings

bald so gut, daß sie regelmäßig Schulpreise erhielt. In Roe Head wurde viel Wert auf Gespräch und Diskussion gelegt, und das war eine Unterrichtsmethode, die Charlotte sehr entgegenkam. Sie begann sich wohl zu fühlen.

Die anderen Mädchen, zunächst zurückhaltend gegenüber dem blassen, stillen Mädchen aus Haworth, tauten auf und akzeptierten Charlottes Introvertiertheit und Zurückhaltung. Zwei Mädchen schlossen sich ihr an und wurden gute Freundinnen, Mary Taylor und Ellen Nussey. Mit beiden hielt Charlotte auch nach Roe Head lebhaften Kontakt. Der Briefwechsel mit Ellen Nussey dauerte 25 Jahre. Im Herbst 1832 wurde Charlotte mit ihrem Bruder nach Rydings, dem eindrucksvollen Wohnsitz der Nusseys bei Birstall, eingeladen. *Ich bin glücklich, daß Papa mir erlaubt hat, Deine Einladung anzunehmen. Seit langem warte ich darauf, meine beinahe einzige und sicherlich liebenswerteste Freundin endlich sehen zu dürfen.*[40] Charlotte fühlte sich dort sehr wohl, auch wenn Rydings eine für ihre Verhältnisse gigantische Szenerie war, die riesenhafte Halle, der weite Park mit uralten Bäumen. Auch die Familie Mary Taylors lud Charlotte zu sich ein. Bei den Taylors sollte Charlotte sich in den kommenden Jahren oft aufhalten, und sie profitierte geistig sehr von diesen Besuchen, denn Marys Vater war ein liebenswerter und gebildeter Mann. Er sprach Französisch und Italienisch, kannte sich auch in der französischen Literatur aus und ließ Charlotte an seinem Wissen teilhaben.

Charlotte wurde im Pfarrhaus sehr vermißt. Branwell fühlte sich plötzlich einsam. Er und Charlotte hatten die Angria-Saga erfunden und am Leben gehalten. Emily und Anne hatten nur hin und wieder etwas dazu beigetragen. Nun, da Charlotte in Roe Head war, zogen sie sich von Branwell zurück und erfanden nach dem Vorbild ihrer älteren Geschwister eine eigene Geschichte, die Gondal-Saga. Branwell lebte fortan allein im Phantasiereich Angria, doch es schien ihm keine rechte Freude mehr zu machen; seine Besuche im Haworther Wirtshaus wurden immer häufiger. Dort fand er die Anerkennung, die er brauchte; er war bei den Dorfbewohnern geschätzt und beliebt.

Tante Branwell gewann wieder mehr Einfluß auf die beiden Mädchen. Die Kinder akzeptierten ohne Einwände ihre antiquierten Moralvorstellungen und die strenge Wesleyanische Doktrin, daß alles Leben vorherbestimmt sei, was die Mädchen, besonders die jüngste, Anne, tief prägte.

Charlotte verließ Roe Head im Frühjahr 1832 und kehrte nach Hause zurück. Die Erinnerungen an die Schule waren angenehm und schmerzlich zugleich. Von den zehn Schülerinnen war sie die einzige gewesen, die es sich aus finanziellen Gründen nicht leisten konnte, länger zu bleiben. Dadurch war ihre soziale Stellung ihr deutlich zum Bewußtsein gekommen. In der Schule hatte man sie ihrer Klugheit, ihres Wissens und ihrer

Phantasie wegen schon nach kurzer Zeit akzeptiert; sie war bei Lehrern und Mitschülern gleichermaßen geachtet und anerkannt gewesen. Doch das Bewußtsein, daß Roe Head für sie nur ein Paradies auf Zeit war, da ihrem Vater zu einem längeren Aufenthalt die Mittel fehlten, hatte sie stets bedrückt. Sie wußte, wie schwer es dem Vater gefallen war, ihre Ausbildung in Roe Head zu finanzieren. Jetzt mußte sie sich revanchieren und ihre Geschwister an dem erworbenen Wissen teilhaben lassen. *Morgens zwischen neun und halb eins gebe ich meinen Schwestern Unterricht, dann zeichne ich, dann gehen wir hinaus und wandern bis zum Essen. Nach dem Essen nähe ich bis zum Tee. Und danach lese oder schreibe ich, versuche mich an einer Handarbeit oder zeichne wieder, je nachdem, wozu ich gerade Lust habe.*[41] Der Nachsatz, daß ihr Tagesablauf sehr angenehm, wenn auch ein wenig monoton sei, ist verräterisch. Offenbar empfand sie das Leben zu Hause jetzt doch als etwas langweilig. Sie hatte in Roe Head Appetit auf das Leben in der Fremde bekommen.

Charlotte widmete sich nun wieder eifrig der Arbeit an der Angria-Saga. Ein neues Steckenpferd, das alle Geschwister mit wachsender Leidenschaft betrieben, war das Zeichnen. Charlotte hatte in Roe Head Spaß daran gefunden, und die anderen ließen sich von ihrer Begeisterung

Zeichnungen von Anne Brontë

anstecken. Der Vater freute sich über dieses neue Hobby seiner Töchter und engagierte einen Zeichenlehrer aus Leeds, der ihnen im Pfarrhaus Stunden gab. Besonders Branwell entwickelte erstaunliches Zeichentalent; William Robinson, der Zeichenlehrer, nahm ihn mit nach Leeds und gab ihm in seinem Atelier private Porträtstunden. Da Branwell von den drei Mädchen ohnehin für etwas Besonderes gehalten und rückhaltlos bewundert wurde – selbst Charlotte, die als älteste der Schwestern eine gewisse Führungsstellung einnahm, vergötterte ihn –, waren bald alle davon überzeugt, daß Branwell eine bedeutende Karriere als Maler vor sich hatte. Man sah ihn bereits als berühmten Künstler in London. *Als Musiker war er bedeutender als Bach, als Dichter übertraf er Byron, als Maler lief er Claude Lorrain den Rang ab, und als Rebell nahm er Alexander Roque die Palme aus der Hand, als Kaufmann war ihm Edward Percy unterlegen, als Fabrikant konnte ihm Granville nicht das Wasser reichen...*[42], schrieb Charlotte in einer ihrer launisch-spielerischen Angria-Geschichten im Oktober 1834 über ihn.

Was die Brontës einmal anfingen, betrieben sie mit Hingabe. Sie lasen jetzt alles über Kunst, was ihnen in die Hände fiel, und malten und zeichneten mit Feuereifer. Charlotte bemühte sich einmal trotz ihrer schlechten Augen fast ein halbes Jahr lang, einen Stich peinlich genau abzuzeichnen. Als der Zeichenlehrer nicht mehr kam, erlahmte der Eifer der Mädchen jedoch rasch. Zumindest der realistischen Charlotte war rasch klargeworden, daß aus ihrer netten Freizeitbeschäftigung kaum etwas werden konnte, womit sie künftig ihren Lebensunterhalt verdienen konnten. Nur Branwell glaubte nach wie vor fest an seine Begabung und wollte eine künstlerische Laufbahn einschlagen. Er versuchte sich in den verschiedensten Betätigungen, zeichnete und malte, musizierte und schrieb; doch er betrieb alles mit der gewohnten Inkonsequenz und Labilität und arbeitete nur dann, wenn er eine spontane Lust dazu verspürte. Schwierigkeiten ging er aus dem Weg. Und niemand – außer Charlotte, die ihn trotz ihrer Liebe und Bewunderung hin und wieder scharf zurechtwies – übte Kritik an ihm. Branwell wurde alles nachgesehen. Sein berufliches und menschliches Scheitern war so beinahe vorprogrammiert.

Aufbruch

Der Sommer 1835 brachte einschneidende Änderungen im Leben der Geschwister. *Wir alle sind dabei, Abschied voneinander zu nehmen, auseinanderzubrechen, uns zu trennen*, schrieb Charlotte voller Trauer an ihre Freundin Ellen Nussey. *Emily geht zur Schule, Branwell nach London und ich werde Lehrerin. Diese Entscheidung habe ich selbst getroffen, da ich wußte, daß dieser Schritt eines Tages unumgänglich sein würde... und wenn es schon sein mußte, dann lieber heute als morgen. Papa mit seinem geringen Einkommen fällt es schwer genug, Branwell auf die Königliche Akademie und Emily nach Roe Head zu schicken.* [43]

Charlotte hatte ihre Stellung durch Zufall bekommen: Miss Woolers Schule nahm zusätzliche Schüler auf, und so war eine Stelle frei geworden. Miss Wooler hatte ihre einstige Schülerin in guter Erinnerung behalten und bot ihr den Posten an. Charlotte hatte mit Miss Wooler verabredet, daß sie ihre Schwester Emily mitbringen durfte. Emily sollte unentgeltlich unterrichtet werden und Charlotte dafür weniger Lohn erhalten.

Charlotte verließ das Pfarrhaus mit einem Herzen voller Trauer; doch sie hatte keine andere Wahl. *Ich bin traurig, sehr traurig bei dem Gedanken, von zu Hause wegzugehen, doch Pflicht und Notwendigkeit sind mir strenge Herrinnen, die keinen Ungehorsam dulden.* [44]

Für Emily, die sich in ihrer Obhut befand, war es noch schwerer. Emily war ohnehin ein sehr in sich gekehrter Mensch und hatte große Schwierigkeiten, ihre Gedanken und Gefühle zu artikulieren, selbst ihren Geschwistern gegenüber. Sie litt sehr unter der Trennung von Anne; Charlotte konnte ihr die Gefährtin, mit der sie die Gondal-Fabel ausgesponnen hatte, nicht ersetzen. Außerdem hatte Charlotte verhältnismäßig wenig Zeit, sich um ihre Schwester zu kümmern. Der Unterricht und eine Reihe anderer Pflichten in der Schule zehrten an ihren Kräften. Ihr wurde auch bald klar, daß die wirtschaftlichen Bedingungen, unter denen sie bei Miss Wooler angetreten war – ein freier Schulplatz für Emily und als Lohn ein besseres Trinkgeld, das gerade für das Nötigste reichte, was sie beide zum täglichen Leben brauchten –, schlichtweg katastrophal waren. Sparen konnte sie nichts, und das war bitter in Anbetracht ihrer unsicheren Zukunft.

Doch selbst das war noch nicht das Schlimmste; viel mehr Sorgen bereitete ihr Emily. *Emily brauchte Freiheit wie die Luft zum Atmen. Den Wechsel von Haworth nach Roe Head, von ihrer scheuen und stillen, zurückgezogenen, jedoch freien und ungezwungenen Lebensweise zur Disziplin, zum Drill in der Schule – wenn auch unter den angenehmsten Bedingungen – vermochte sie nicht zu ertragen.*[45] Verglichen mit dem ersten Schulerlebnis in Cowan Bridge mußte ihr der Schulalltag bei Miss Wooler wie der Himmel auf Erden erscheinen; doch Emily litt unter Heimweh und verkraftete es nur schwer, aus ihrer kleinen, überschaubaren und fast hermetisch abgeschlossenen Pfarrhauswelt in eine turbulente Betriebsamkeit gestoßen zu werden. Sie klagte zwar niemals; doch Charlotte wußte, wie ihr zumute war. *Jeden Morgen, wenn sie erwachte, bedrängten sie die Erinnerungen an zu Hause und an die Moore und verdunkelten den Tag, der vor ihr lag. Niemand außer mir ahnte, was Emily betrübte. Ich aber wußte es nur zu genau. In diesem Kampf schwand ihre Gesundheit rasch dahin… Ich fühlte es in meinem Herzen, daß Emily sterben würde, wenn sie nicht nach Hause zurückkehrte, und daher setzte ich mich mit aller Energie dafür ein, daß sie die Schule verließ.*[46] Drei Monate hielt Emily es in der Schule aus; dann kehrte sie blaß, schmal und entkräftet nach Haworth zurück. Das Pfarrhaus, die Tiere und die weiten, einsamen Moore hinter dem Haus waren ihre begrenzte und doch unendliche Welt.

Patrick Brontë beschloß, statt Emily nun Anne, die Jüngste, in Charlottes Obhut auf die Schule zu schicken. Anne war ein völlig anderer Mensch als ihre Schwestern. Obwohl auch sie in der eigentümlichen Absonderung des Pfarrhauses herangewachsen war, schien sie nichts von Emilys Überempfindlichkeit zu haben. Sie hielt es immerhin zweieinhalb Jahre lang in Roe Head aus, und zwar nicht verbissen und depressiv, sondern eher gleichgültig, gelassen, kühl. Charlotte konnte sich nicht sehr um sie kümmern – sie hatte genügend eigene Probleme. Schon nach kurzer Zeit war ihr klar geworden, daß sie mit Kindern nicht zurechtkam. Im Grunde war sie sich ständig der Tatsache bewußt, daß sie ein Opfer brachte, um ihren Schwestern Emily und Anne zu einer Ausbildung und damit zur Selbständigkeit im künftigen Leben zu verhelfen. Vielleicht haßte sie ihre Arbeit sogar; jedenfalls empfand sie die Tage in Roe Head als Zeitverschwendung. Von frühmorgens bis in den Abend hinein ging sie der ungeliebten Beschäftigung nach, verwöhnten Kindern begüterter Eltern Anstand und Wissen beizubringen. Es gab niemanden, mit dem sie reden, ihre Phantasien ausspinnen konnte; und abends saß sie allein in ihrem Zimmer, den Blick durch das Fenster auf die eintönige Landschaft gerichtet. In den langen Nächten wurde sie von Schlaflosigkeit und Me-

Margaret Wooler, Direktorin von Roe Head, als alte Dame

lancholie gequält und von den tanzenden Gespenstern ihrer Visionen aus
dem fernen Angria heimgesucht.

Charlotte machte sich nichts vor: Dieses Leben war unerträglich. Doch
sie zwang sich mit eiserner Disziplin, es schweigend und klaglos zu ertragen. Im August 1836 notierte sie in ihr Tagebuch: *Den ganzen Tag habe
ich wie einen Traum erlebt, halb elend, halb in Verzückung... Beinahe eine
Stunde lang habe ich mich mit Miss Lister, Miss Marriot und Ellen Cook
abgeplagt und ihnen klarzumachen versucht, was einen Artikel von einem
Substantiv unterscheidet. Die Grammatikstunde schlich dahin, als wolle sie
niemals enden, und hernach herrschte Todesstille im Klassenzimmer, und
ich saß allein da; mein Ärger und meine Müdigkeit waren in Lethargie
umgeschlagen. Ein Gedanke beschlich mich: Soll ich wirklich den besten*

*Teil meines Lebens in dieser erbärmlichen Knechtschaft verbringen, meine
Wut über die Eitelkeit, Apathie und die maßlose, eselhafte Dummheit dieser schwerfälligen Tölpel unterdrücken und Freundlichkeit, Geduld und
Fleiß heucheln? Muß ich Tag für Tag an diesen Stuhl gefesselt verbringen,
eingekerkert zwischen diesen vier Wänden, während die herrlichste Som-
mersonne am Himmel steht und das Jahr in seiner Pracht dahineilt?*[47]

Das Leben, das sie sich wünschte, existierte nur in der Vergangenheit:
Es war die märchenhafte Kindheit im Pfarrhaus, als Charlotte mit ihren
Geschwistern über die Moore streifte und abends im Wohnzimmer phantastische Geschichten ausspann. Davon konnte sie auch jetzt in der Enge
ihres Zimmers in Roe Head nicht lassen. Vielleicht waren ihre Angria-
Phantasien das einzige, was sie aufrechthielt; andererseits schuf diese
abendliche Flucht in die Tagträume der Kindheit eine schmerzliche Spannung zwischen Wirklichkeit und Wunschwelt. *Ich stand auf und ging ganz
mechanisch zum Fenster. Ein lieblicher Augustmorgen lächelte herein. Auf
den Feldern lag noch Tau und die Morgenschatten streckten sich kühl und
matt unter den Zweigen der alten Eichen. Nur die vor sich hin murmeln-
den, kritzelnden Mädchen über ihren Aufgaben unterbrachen die Stille.
Ich riß das Fenster hoch. Von Süden her drang mit dem sterbenden Wind
ein unbestimmter Ton von großer Lieblichkeit an mein Ohr. Ich blickte in
diese Richtung und lauschte. Es waren die Glocken der Gemeindekirche
von Huddersfield. Ich schloß das Fenster wieder und ging zu meinem Stuhl
zurück. Dann überkam mich ungestüm die ganze Macht der Phantasien;
der kurze Blick aus dem Fenster hatte unzählige Bilder in mir hervorgezau-
bert. In diesem Augenblick war mir, als ob ich Großes schreiben könne.
Der Geist von Verdopolis*[48] *schlich sich in mein Bewußtsein.*[49] Sie verspürte einen unwiderstehlichen Drang, ihre Gefühle, ihre euphorische
Stimmung in Worten festzuhalten. Nie, so meinte sie in diesem Moment,
hätte sie etwas Schöneres, Eindrucksvolleres niedergeschrieben. Das Leben jedoch war anders, ungemein trivial: *Gerade in diesem Augenblick
kam eines der tölpelhaften Mädchen mit einem Schulheft ins Zimmer.*[50]

Charlotte hatte noch andere Probleme. Branwell wurde von Jahr zu
Jahr ein immer größeres Sorgenkind der Familie. Außer dem Vater und
der Tante trug auch Charlotte schwer an dieser Entwicklung, denn sie
fühlte sich für ihre Geschwister mit verantwortlich. Auf Branwell hatte
die ganze Familie ihre Hoffnungen gesetzt, zuletzt auf seine Karriere als
Maler. Als Charlotte und Emily Ende Juli 1835 nach Roe Head gingen,
stand fest, daß Branwell nach London reisen und sich vor der Königlichen
Akademie vorstellen sollte. Die Mädchen hatten trotz ihrer eigenen Rei-
sevorbereitungen noch bis spät in die Nacht hinein an Branwells Reise-
garderobe gearbeitet, während er unbekümmert und desinteressiert im
Arbeitszimmer seines Vaters saß und Horaz übersetzte.[51]

Für Branwell rackerte sich die ganze Familie ab, und man sparte für seinen großen Auftritt an der Königlichen Akademie in London, deren Mitglieder – so mußten die Brontës es sich wohl vorgestellt haben – nur auf die Ankunft des Künstlers aus Haworth warteten.

Die Brontës äußerten sich später mit keinem Wort darüber, was Branwell in London erlebte und tat. Es steht zu vermuten, daß er die Königliche Akademie nur von außen sah, sein Empfehlungsschreiben fortwarf und nicht einmal eine allererste Prüfung absolvierte. Seine Rückkehr nach Haworth war deprimierend: für ihn – und noch mehr für die Familie. Das Geld war ausgegeben und die große Hoffnung auf Branwells Malerkarriere zunichte. Branwell behauptete, daß er in London seiner Barschaft beraubt worden sei. Sonst verlor er kein Wort über diese traurige Affäre. Nach dem Londoner Desaster wandte er sich von der Malerei ab und beschäftigte sich wieder intensiv mit der Angria-Saga.

Bislang war alles, was die Brontës geschrieben hatten, eine höchst private Angelegenheit, ihre eigene auf Papier festgehaltene Traumwelt ge-

Die Royal Academy in London

Robert Southey

wesen. Im Grunde waren sie allesamt längst routinierte Schriftsteller: Lyriker, Romanciers, Journalisten. Sie hatten ihre Gedichte und Geschichten aber immer für sich selbst verfaßt. Die Idee, nun einmal für ein Leserpublikum zu schreiben, war nur folgerichtig. Doch wie sollte man einen Verleger finden?

Charlotte und Branwell einigten sich darauf, ein paar Proben ihrer lyrischen Versuche an berühmte Dichter zu schicken, um deren Meinung zu hören. Charlotte hatte Robert Southey, einen Dichter der englischen Romantik, im Auge, Branwell hatte sich Wordsworth erkoren. Wordsworth antwortete nicht. Für Branwell kam dies einem vernichtenden Urteil gleich, zumal ein anderer Versuch kurz zuvor ebenso kläglich gescheitert war, nämlich eine Probesendung von Branwells Lyrik an den Herausgeber des renommierten «Blackwood's Magazine». Charlotte erging es nicht viel besser. Southeys Antwort war alles andere als ermutigend. Eine herausragende Begabung vermochte er in Charlottes Versen nicht zu erkennen. Sein Rat war lapidar und deutlich: «Literatur kann und darf nicht die Lebensaufgabe einer Frau sein. Je mehr sie mit ihren eigentlichen

Aufgaben beschäftigt ist, desto weniger Muße wird sie für die Literatur erübrigen können... Bald werden die wahren Pflichten der Frau nach Ihnen rufen, und dann wird es Ihnen nicht mehr so wichtig erscheinen, als Schriftstellerin Ruhm und Unsterblichkeit zu erlangen.»[52]

Nachdem seine dichterischen Bemühungen fehlgeschlagen waren, setzte Branwell wieder auf die Malerei. Die Tante finanzierte ihm weitere Übungsstunden bei William Robinson in Leeds. Danach suchte er sich in Bradford eine billige Unterkunft und begann sich seinen Lebensunterhalt als Porträtmaler zu verdienen. Bradford war eine aufstrebende Industriestadt. Ein junger Porträtmaler hatte es schwer, sich wirklich durchzusetzen. Als Fotograf hätte Branwell mehr Glück gehabt. Sich aber auf diese neu aufkommende Trivialkunst einzulassen, erschien ihm, dem Intellektuellen mit seinen profunden Kenntnissen im Lateinischen und Griechischen, unmöglich. Er stand den merkantilen Anforderungen des beginnenden Zeitalters der Industrialisierung hilflos gegenüber. Große Kunst zu schaffen war ihm versagt, und seine durchschnittliche, brave Porträtmalerei brachte ihm nichts ein. Die Leute ließen sich lieber fotografieren, das ging rascher und war sehr viel billiger. Bald stand er ohne Aufträge da, und es war ihm und der Familie klar, daß er sich mit dieser Arbeit auch nicht ernähren konnte.

Miss Woolers Schule war im Juni 1837 von Roe Head nach Heald's House verlegt worden. Das rauhe Klima des tiefgelegenen Dewsbury-Moors machte Charlotte und Anne gesundheitlich zu schaffen. Auch das menschliche Klima hatte sich gewandelt. Das Verhältnis zwischen Charlotte und Miss Wooler verschlechterte sich zunehmend.

Emily hatte sich inzwischen so weit von ihrem Aufenthalt in Roe Head erholt, daß sie einen neuen Anfang als Lehrerin in Elizabeth Potchetts Schule in Law Hill bei Halifax wagen konnte. Das war im Herbst 1837. Charlotte bezweifelte, daß Emily es dort aushalten würde. *Meine Schwester Emily hat in der Nähe von Halifax eine Stelle als Lehrerin in einer großen Schule mit beinahe 40 Schülern angenommen. Seit ihrer Abreise habe ich einen Brief von ihr bekommen. Der hat mir einen erschreckenden Einblick in ihren Alltag gegeben – harte Arbeit von sechs Uhr morgens bis elf Uhr in der Nacht, mit nur einer halben Stunde Pause dazwischen. Das ist Sklaverei. Ich fürchte, sie wird das nie durchstehen.*[53] Von allen drei Schwestern hatte Emily die größten Schwierigkeiten im Umgang mit Fremden. In sich gekehrt mußte sie vom frühen Morgen bis in die späte Nacht einen Schulbetrieb ertragen, der von ihr auch noch den letzten Rest physischer Kraft forderte. Der Mißerfolg war vorherbestimmt. Sie hielt nur bis Juni 1838 durch.

Im Dezember 1837 wurde Anne ernsthaft krank und mußte Roe Head verlassen. Kurze Zeit später flüchtete Charlotte sich ebenfalls in die

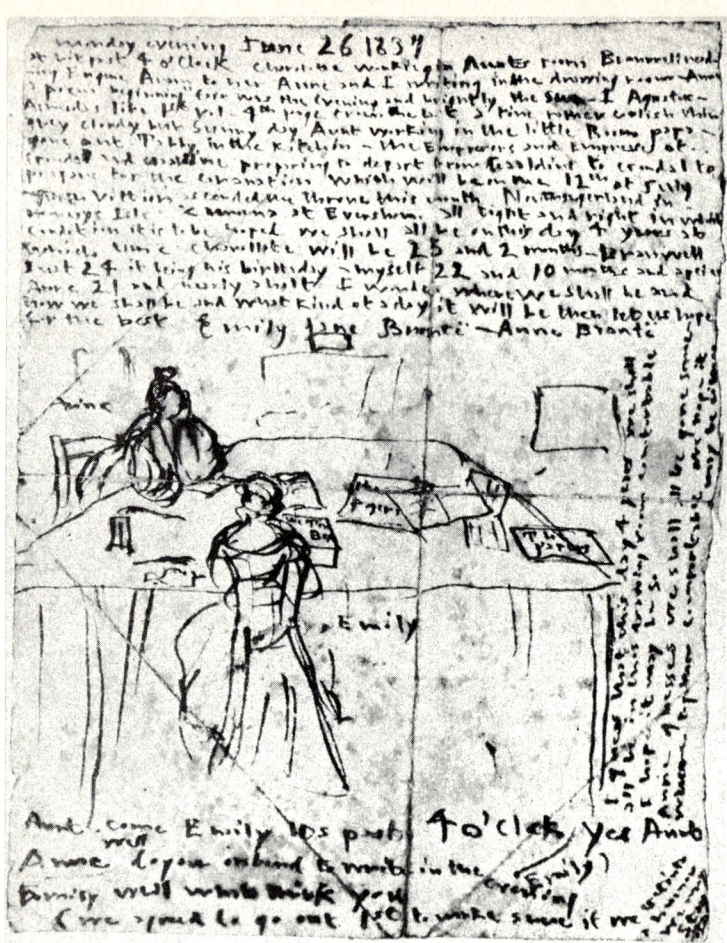

Aus Emilys Tagebuch, 1837. Mit einer Skizze: Anne und Emily, schreibend am Tisch des Pfarrhauses

Krankheit. Ohne Anne weiterhin an der Schule zu bleiben war ihr unerträglich. *Ich habe ausgeharrt, solange es mir möglich war. Auf die Dauer konnte und wollte ich aber nicht länger bleiben. Gesundheit und Mut haben mich im Stich gelassen, und der Arzt, den ich aufsuchte, riet mir, heimzufahren, wenn mir mein Leben lieb ist. Also kehrte ich ins Pfarrhaus zurück. Diese Veränderung hat mich sofort wiederhergestellt und beruhigt, und ich bin jetzt, so meine ich, wieder auf dem Weg zu mir selbst.*[54]

Auch Emily kehrte im Sommer nach Hause zurück. Der Juni 1838 sah alle Brontës wieder im Pfarrhaus vereint. Ihre verschiedenen Erlebnisse in der Welt draußen versuchten sie so rasch wie möglich zu vergessen. Die drei Schwestern standen erneut am Anfang. Emily – so war allen klar – war am wenigsten dazu geeignet, in der Fremde einen Posten anzutreten. Man kam überein, sie vorläufig zu Hause zu lassen und ihr den Haushalt zu überantworten. Anne entschloß sich, es als Gouvernante zu versuchen. Am 8. April 1839 ging sie nach Blake Hall in Mirfield zu den Inghams, wo sie zwei Kinder zu betreuen hatte.

Charlotte war jetzt 23 Jahre alt. Ihre berufliche Zukunft sah recht grau aus – es blieb nur die Anstellung als Lehrerin oder Gouvernante. Eine andere Lösung wäre die Heirat gewesen, und Charlotte schien durchaus Chancen zu haben. So zurückhaltend die Brontës aufgewachsen waren, so sehr sie sich von allen Fremden zurückzuziehen pflegten und deren Gegenwart beinahe als physische Bedrängnis empfanden – die Begriffe Liebe und Heirat waren für sie in ihrer Vorstellungswelt kein Tabu. Die Realität sah freilich anders aus. Einerseits erfanden sie in ihren Phantasiegeschichten die sentimentalsten Liebesaffären, andererseits dachten sie sehr nüchtern darüber nach. Charlotte betrachtete das Problem ohne jeden Hang zu märchenhaft-romantischer Verbrämung: *Wenn man einen Menschen vor der Hochzeit respektieren kann, stellt sich später ganz selbstverständlich die Liebe ein. Was richtige Leidenschaft betrifft, so glaube ich, ist sie gar kein Gefühl, das man anstreben sollte. Erstens wird Leidenschaft selten oder niemals erwidert, und zweitens, wäre dies der Fall, würde ein solches Gefühl, die Leidenschaft, nur kurze Zeit dauern: Es hielte so lange an, wie die Flitterwochen dauerten, und dann folgte Abscheu oder – was vielleicht noch schlimmer ist – Gleichgültigkeit.* Für sich selbst sah Charlotte wenig Chancen, eine Ehe einzugehen. Sie hielt sich für unattraktiv, ja geradezu häßlich. *Ich bin ziemlich überzeugt,* notierte sie lakonisch, *daß ich niemals heiraten werde.*[55]

Ende Februar 1839 hatte Charlotte einen Brief von Henry Nussey bekommen, der Hilfsgeistlicher in Donnington in Sussex war. Henry war Ellens Bruder. Obwohl Ellen und Charlotte eifrig miteinander korrespondierten, verlor Charlotte kein Wort über diesen Brief; Ellen mußte Charlotte selbst auf den Brief ihres Bruders – dessen Inhalt sie sehr wohl kannte – ansprechen. *Henry schreibt,* antwortete Charlotte lapidar, *daß er sich bestens in Donnington eingerichtet hat, daß seine Gesundheit sehr viel besser sei und daß er vorhabe, nach Ostern Schüler bei sich aufzunehmen. Er bittet mich ganz offen, seine Frau zu werden.* Charlotte fühlte sich natürlich geschmeichelt, wenn sie auch im Spaß einen ziemlich abwegigen Grund nannte, den Antrag anzunehmen, nämlich daß sie dann ständig mit ihrer geliebten Freundin Ellen zusammen sein könnte. *Aber dann stellte ich mir zwei Fragen. Liebe ich ihn dergestalt, wie eine Frau ihren Mann lieben soll? Und bin ich die Person, die dazu in der Lage ist, ihn glücklich zu machen? Ja, Ellen, mein Gewissen antwortet auf beide Fragen mit nein.* Obwohl sie Henry Nussey schätzte und er ihr sehr sympathisch war, empfand sie keine tieferen Gefühle für ihn: *Jene Zuneigung hatte ich nie und werde ich nie haben, die man einfach braucht, um bereit zu sein, für einen Menschen zu sterben. Wenn ich je heirate, muß ich meinen Mann dermaßen anbeten können.* Charlotte kannte Henry Nussey besser als er sie. Ihr war klar, daß er mit ihrer eigentümlichen, schwerblütigen Natur nicht glücklich werden konnte. *Ich könnte nicht den ganzen Tag lang dasitzen und vor meinem Gatten eine Grabesmiene aufsetzen. Ich müßte lachen und Spaß treiben und sagen, was mir gerade in den Sinn kommt.*[56] Charlotte war überzeugt davon, daß sie Nussey nur unglücklich machen würde. Dies schrieb sie ihm auch sehr höflich.

Gleichwohl hatte Nusseys Antrag Charlotte gutgetan. Etwas Ähnliches widerfuhr ihr Mitte August, ehe sie mit Ellen nach Bridlington in die Ferien fuhr. Charlotte hatte ihrer Zurückhaltung und freundlichen Art wegen einem jungen irischen Geistlichen namens Bryce sehr gefallen. Ein paar Tage, nachdem der Besucher das Pfarrhaus verlassen hatte, kam ein Brief: ein Heiratsantrag. Doch Charlotte wollte auch jetzt nicht. Wahrscheinlich spielte bei ihrer Ablehnung auch der Gedanke, für die Zukunft ihrer Geschwister sorgen zu müssen, eine wichtige Rolle. *Ich bin sicherlich dazu verdammt, eine alte Jungfer zu bleiben.*[57]

Charlotte suchte nun recht verzweifelt nach einer neuen Beschäftigung. *Ich habe kürzlich entdeckt, daß ich ganz gut putzen kann, beispielsweise den Herd reinigen, die Zimmer abstauben, die Betten machen und so fort. Wenn also alles schiefgeht, habe ich immer noch diese Möglichkeit – wenn mir jemand für wenig Arbeit einen ordentlichen Lohn anbietet. Ich möchte nicht Köchin werden, denn ich hasse das Kochen. Ich möchte auch nicht Kindermädchen sein oder Gesellschafterin... Ich will nichts weiter sein als Hausmädchen.*[58] Zwei Monate später entschloß sich Charlotte, als Gouvernante zu den Kindern von John Benson Sidgwick nach Stonegappe bei Skipton zu gehen.[59]

Sie hatte wieder Pech mit ihrem Arbeitgeber. Das war freilich zu erwarten, denn mit Kindern hatte sie noch nie gut umgehen können. Die Kinder der Sidgwicks waren für sie *lärmende, ungezogene und unzugängliche Flegel, mit denen man nicht auskommen kann*[60]. Auch mit der Hausfrau kam sie nicht zurecht: *Ich schrieb in meinem letzten Brief, daß mich Mrs. Sidgwick nicht kennt. Mittlerweile beginne ich zu begreifen, daß sie mich auch gar nicht kennenlernen will, daß ich ihr völlig gleichgültig bin. Es interessiert sie nur, immer neue Wege zu finden, um möglichst viel aus mir herauszuholen.*[61] Charlotte fand es unerträglich, stundenlang mit Näharbeiten dazusitzen und stumpfsinnig Schlafmützen und Puppenkleider zusammenzunähen.

Der Lebensstil der Sidgwicks war Charlotte fremd. Sie konnte sich nur schwer daran gewöhnen, daß sie im Haus zum Personal gerechnet und auch so behandelt wurde. Noch mehr bedrückte sie jedoch, daß bei den Sidgwicks unzählige Verwandte und Bekannte verkehrten. Diese Hektik verursachte der menschenscheuen Charlotte beinahe physischen Schmerz. Noch schlimmer wurde es, als die Familie mit Anhang auf ihren Sommersitz in Swarcliffe bei Harrogate zog. *Stell Dir das Elend eines armen Menschen wie ich es bin vor*, schrieb sie verzweifelt und verächtlich an ihre Freundin, *der mit einemmal mitten in eine riesengroße Familie geworfen wird, stolz wie Pfauen und reich wie Juden, und dies zu einem Zeitpunkt, wo alle besonders vergnügt sind und das Haus von Leuten überquillt, lauter Fremden, Menschen, deren Gesichter ich nie zuvor gesehen habe. Und in dieser Situation soll ich auf ein paar verzogene, verdorbene und ungebändigte Kinder aufpassen, ihnen die Langeweile vertreiben und sie zu allem Überfluß auch noch unterrichten.*[62]

Charlotte haßte fremde Menschen. Das war eine Eigenart der Schwestern, die bei Emily am ausgeprägtesten war. Emily konnte selbst ihre Schwestern manchmal nicht ertragen und wanderte dann allein über das Moor. Anne und Charlotte weigerten sich zwar nicht so rigoros wie Emily, sich unter andere Menschen zu mischen, aber auch sie waren sehr zurückhaltend. Diese Aversion, ja Angst vor anderen, fremden Menschen war der Hauptgrund für Charlottes Abneigung gegenüber ihrer neuen Umgebung. Daß die Lage objektiv gesehen nicht ganz so schlimm und brutal gewesen sein mag, zeigen Äußerungen von Freunden der Familie Sidgwick, die sich über Charlottes Verhalten wunderten. Wenn Charlotte eingeladen war, mit der Familie zur Kirche zu gehen, kam sie sich wie eine Sklavin vor, bevormundet, gezwungen. Ließ man sie jedoch zu Hause und in Frieden, so unterstellte sie, man schließe sie aus dem Familienkreis aus.[63] Offenbar war es nicht leicht, zu der scheuen und meist schweigsamen Charlotte Zugang zu finden und mit ihr auszukommen.

Sie hielt es nicht lange in der neuen Stellung aus. Schon im Juli kehrte sie wieder nach Haworth zurück, verzweifelt und ohne den Mut, noch einen weiteren Versuch als Gouvernante zu wagen.

Ellen schlug Charlotte vor, Ferien an der See zu machen. Charlotte hatte das Meer noch nie gesehen und war tief beeindruckt. Als sie das erste Mal am Meer stand, stiegen ihr Tränen in die Augen, und sie bat Ellen, weiterzugehen und sie einen Augenblick allein zu lassen.[64] Das Erlebnis prägte sich ihr tief ein. *Hast Du das Meer schon vergessen, Ellen? Ist es in Deinem Gedächtnis verblaßt? Oder siehst Du es noch immer, dunkelblau und grün und schaumweiß, und hörst Du noch, wie es wild braust,*

Zeichnung von Branwell,
vermutlich ein Selbstporträt

wenn der Wind bläst, oder wie die Wellen sanft am Strand auslaufen, wenn es windstill ist?[65]

Die ursprünglich enge Beziehung zwischen Charlotte und Branwell hatte sich anfangs unmerklich, dann immer spürbarer gelockert, teils durch Charlottes Abwesenheit von zu Hause, teils auch durch Branwells Vorliebe, sich in den Wirtshäusern der Gegend herumzutreiben, um dort die Selbstbestätigung zu finden, die ihm weder das Schreiben noch die Malerei geben konnten. Zehn Jahre lang hatten sie gemeinsam ihre Angria-Geschichten erfunden, sich selbst in die fiktiven Gestalten hineinprojiziert. Branwell blieb in diesen Kinderträumen gefangen; für ihn wurde Angria immer mehr zu einer privaten Fluchtwelt. Charlotte dagegen hatte im Laufe der Jahre Distanz zu dieser Phantasiewelt gewonnen. Sie war in ihren verschiedenen Stellungen an Schulen und in Haushalten dazu gezwungen gewesen, sich mit der Realität und mit fremden Menschen auseinanderzusetzen, wenn es ihr auch kein Vergnügen bereitete. So hatte sie begriffen, daß Angria eine Märchenwelt, ein Kindertraum war. Von den Heldentaten der angrianischen Figuren konnte man in der

Realität nicht existieren. Und die pragmatische Charlotte hatte eingesehen, daß man zum Leben, zur Unabhängigkeit Geld brauchte. Mit den Kritzeleien in den Miniaturbüchern war kein Shilling zu verdienen.

Noch aus einem anderen Grund war Angria für Charlotte nicht mehr attraktiv. Was sie mit Branwell jahrelang in mühsamer Kleinarbeit zusammenfabuliert hatte, bewegte niemanden außer die Verfasser selbst. Inzwischen war Charlotte ehrgeiziger geworden. Warum nicht Bücher für andere Leser schreiben? Für die Welt hinter den Mooren von Haworth? Charlotte ahnte, daß die Phantasiewelt, die sie und Branwell um ihre Holzsoldaten gewoben hatten, unrealistisch und unpsychologisch war und wenig mit dem wahren Leben zu tun hatte, das sie inzwischen nachdrücklich erfahren hatte. Nun wollte sie den Motiven und Handlungsweisen von Menschen aus Fleisch und Blut nachspüren. *Ich habe nun sehr viele Büchlein geschrieben und mich lange Zeit immer mit denselben Charakteren, Szenen und Themen beschäftigt... Aber das muß sich ändern, denn das Auge ist von dem Bild ermüdet, das so häufig wiederkehrte und inzwischen so vertraut ist. Trotzdem, bedränge mich nicht zu heftig, mein Leser. Es ist nicht einfach, die Bilder, die so lange in meiner Vorstellungswelt zu Hause waren, zu verscheuchen... Wenn ich mich bemühe, neue Vorstellungen herbeizuzaubern, komme ich mir vor, als wäre ich in ein fernes Land gereist, wo mir jedes Gesicht unbekannt und das Wesen der Bevölkerung rätselhaft ist...*[66]

Charlotte begann eine Geschichte niederzuschreiben – *einen dreibändigen Roman*[67] – und schickte das Manuskriptfragment unter dem Kürzel C. T. anonym an Wordsworth, der die Arbeit las und Charlotte sogar sein Urteil mitteilte. Wordsworth war, wie aus Charlottes Notizen hervorgeht, freundlich, aber schonungslos offen. Er machte ihr klar, daß ihr ausuferndes Werk ganz in der Manier Richardsons geschrieben sei. Charlotte akzeptierte die Kritik und bedankte sich fast herzlich bei Wordsworth. *Im Ernst, Sir, ich bin Ihnen für Ihren freundlichen und aufrichtigen Brief sehr zu Dank verpflichtet; es wundert mich, daß Sie sich überhaupt die Mühe gemacht haben, das halbernste Romänchen eines anonymen Schriftstellers zu lesen und zu beurteilen...*[68]

Emily hatte sich inzwischen wieder im Pfarrhaus eingerichtet. Weder sie noch ihre Geschwister, der Vater oder die Tante dachten daran, daß sie jemals wieder einen Posten in der Fremde annehmen sollte. Zwar war sie nun ganz allein zu Hause; doch diese Einsamkeit störte sie nicht. Sie schrieb, wanderte über die Moore und hielt sich liebevoll eine ganze Menagerie: Katzen, Gänse, einen zahmen Falken, einen mächtigen, wilden Hund und zahlreiche andere Tiere. Die Hausarbeit war hart. Doch Emily erledigte ihre Aufgaben mit Umsicht und Freude. Sie arbeitete ohnehin lieber mit den Händen als Charlotte. Regelmäßig schrieb sie an ihrer

Der zahme Falke Hero.
Aquarell von Emily Brontë

Gondal-Saga weiter. Daneben verfaßte sie Gedichte, ohne literarische
Ambitionen, ohne Anlehnung an vorhandene Muster, ganz einfache und
in ihrer Klarheit schöne Verse, in denen sie ihre Gefühle festhielt.

In Winternächten lag ich gerne da
und träumte vor mich hin
von all den köstlich-schönen Wonnen,
die meine Kindheit erfüllten.

Ich vernahm des Windes Brausen immer
mit Freude und inniglicher Dankbarkeit.
Heiße Tränen quollen mir aus den Augen,
doch ich weinte aus vollem Entzücken.

Und von dem Schönsten,
das die Zukunft mir bescheren mag,
tauchen die Träume in herrlichstem Glanze auf
wie die Sterne am Firmament.[69]

Emily schrieb ihre Verse für sich selbst. Verschlossen, wie sie selbst den Geschwistern gegenüber war, hätte sie ihre innersten Empfindungen niemals einem Leserpublikum offenbart. Und ihre Gedichte waren fast ausschließlich Gefühlsäußerungen. Wenn Emily Landschaften beschrieb, dann nur, um ihre Melancholie, ihre unbestimmte Sehnsucht, ihre Lebensklage in ein Bild zu verwandeln. Emilys Themen waren eng begrenzt: Ihre Verse sind von Trauer, alten Erinnerungen, Abschiedsstimmungen und Gedanken an Leiden und den Tod beherrscht.

> *Der schweigsame Vogel sitzt auf einem Stein*
> *das dunkle Moos rieselt von der Mauer,*
> *der Dornbusch kahl, die Wege grasüberwuchert –*
> *ich liebe sie, oh, wie ich dies alles liebe!*[70]

Über allem stehen Emilys Gewissenszweifel, die sie niemals loslassen. Der Tod ist allgegenwärtig, und daraus ergeben sich zwangsläufig Fragen nach der eigenen Schuld im Leben.

> *In die Erde, die Erde wirst du gelegt.*
> *Ein grauer Stein wird über dir stehen.*[71]

Währenddessen schrieb Anne in Blake Hall an ihrer und Emilys gemeinsamer Traumwelt Gondal. Weihnachten kehrte sie nach Hause zurück, entschlossen, im neuen Jahr nicht wieder nach Blake Hall zu gehen. Charlotte brachte die Gründe dafür auf einen Nenner: *Man kann nicht in einer ungebändigten, hektischen Familie mit modernen Kindern wie beispielsweise jenen von Blake Hall leben... Mrs. Ingham ist eine sanfte und freundliche Frau, doch der Umgang mit den Kindern war für Anne ein einziger Kampf. Sie mußte alle ihre Kräfte aufbieten, um sie einigermaßen in Schach zu halten.*[72] Charlotte wußte inzwischen, daß sie – ebenso wie Anne – niemals als Gouvernante glücklich werden konnte. *Die Vorstellung, mein Leben als Gouvernante zu verbringen, macht mich todunglücklich. Um das durchzustehen, müßte man die Kraft haben, die Dinge einfach so zu nehmen, wie sie kommen. Man muß sich wohl und zu Hause fühlen – egal, wohin es einen verschlägt. Das freilich sind Eigenschaften, an denen es allen Mitgliedern unserer Familie im höchsten Maße mangelt.*[73] Zwar nahm Anne im Mai 1840 wieder eine Stelle als Gouvernante an; doch sie war in der neuen Familie nicht glücklicher als bei den Inghams.

Zu der leidigen Tatsache, daß Anne als Gouvernante letztlich ein Dienstbote unter anderen war, zu ihrer Angst und Scheu unter Fremden und den vielen einsamen Stunden in ihrem kleinen Zimmer kam noch ein weiteres Problem: ihre ständigen Zweifel an sich selbst. Die geringste

Kritik an ihrer Person wirkte beinahe vernichtend auf Anne. Aus ihrer Angst heraus, vor Gott zu versagen und in alle Ewigkeit verdammt zu sein, schrieb sie Gedichte, die die Verletzlichkeit und Verstörtheit ihrer Seele ahnen lassen:

Rückschläge hat meine Arbeit erlitten,
alles Mühen hat mich nicht vorwärtsgebracht.
Erschöpft und dunkel ruht mein Geist,
schwer und träge wie Blei.

Wie kann ich meine arme Seele
aus dieser Trägheit reißen?
Wie kann ich diese Eisenketten brechen
und meinen Geist befrei'n?

Es gab Zeiten, wo ich klagte
schmerzvoll über die Vergangenheit
und flehend meine Hände zum Himmel hob,
während viele dicke Tränen rannen.

Und ich betete um Vergebung meiner Sünden
mit glühendem Eifer.
In aufrichtigem Gram – ein Begehren in meiner Brust,
das ich nun nicht mehr empfinde.

Ich schwor zu lassen von meinen Sünden
und um Hilfe flehte ich den Himmel an,
meiner entschlossenen Seele zu helfen
und meine Schwüre zu erhören.

Darauf fühlte ich Liebe in mir,
fühlte meinen Geist erstarken.
Nie, so schien es, wollte mein Herz erkalten
oder jemals wieder in die Irre geh'n.

Und doch – oh, Pein! – wie oft
wählte ich den falschen Weg!
Wie oft vergaß ich meinen Gott!
Wie furchtbar bin ich abgefallen!

Meine Sünden wachsen, meine Liebe schwindet
und die Hoffnung in mir stirbt.

Emily Brontë. Gemälde ihres Bruders Branwell, um 1833

Der Glaube wankt.
O Gott, wie bin ich zu retten?

Nicht weinen kann ich, nur das Gebet bleibt mir.
So laß mich nicht verzagen.
Herr Jesus Christus, bewahre mich vorm Tod.
Erhör' das Beten einer Unglücklichen.[74]

Branwell erlebte einen Mißerfolg nach dem andern. Seine Versuche, wieder eine Stelle zu bekommen und sich dabei zu bewähren, endeten in einem immer schmerzlicheren psychischen Desaster. Der Alkohol und das Opium, das er im August 1839 in Liverpool kennengelernt hatte, verschlimmerten seine Verfassung.[75] Branwells Leben spielte sich in seinem Atelier im ersten Stock des Pfarrhauses und in den Kneipen von Keighley, Halifax und Bradford ab – ein Leben zwischen Verzweiflung und Euphorie. Auch Charlotte, die ihrem Bruder fast alles nachzusehen gewohnt war, konnte sich im Laufe der Zeit nicht mehr über seinen Charakter und seine düsteren Zukunftsaussichten hinwegtäuschen. *Branwell verläßt uns in ein paar Tagen wieder. Wie es ihm ergehen und gefallen wird, muß man abwarten. Im Augenblick ist er voll Hoffnung und Entschlossenheit. Doch da ich seine unbeständige Natur und seinen starken Hang zum In-den-Tag-Hineinleben kenne, wage ich es nicht, allzu zuversichtlich zu sein.*[76]

Am 31. Dezember 1839 ging Branwell als Hauslehrer zu den Postlethwaites nach Ulverston. Ein halbes Jahr ging es gut, dann trennte er sich wieder von seinen Arbeitgebern. 1840 bewarb er sich als Schalterbeamter bei der Eisenbahn in Sowerby Bridge. Für die Eisenbahn zu arbeiten war zu jener Zeit verlockend, ein Beruf mit Aussicht. Branwell trat die Stelle am 31. August an. Im März des folgenden Jahres wurde er an die kleine Bahnstation in Luddenden Foot versetzt. Dort war er der einzige Angestellte und für den Betrieb der Station verantwortlich. Er war Bahnsteigschaffner und Schalterbeamter in einer Person, hatte die Frachtlisten zu führen und abzurechnen. Dieser Arbeit wurde er freilich sehr rasch überdrüssig. Da er in dem kleinen Dorf keine Unterkunft gefunden hatte, logierte er im «Lord Nelson Inn», wo er nach alter Gewohnheit auch die meisten Abende verbrachte. Hier im Kreis seiner Zuhörer lebte er auf. Bald erschien er stundenweise, oft auch einen halben oder ganzen Tag überhaupt nicht mehr zum Dienst, und schließlich verbrachte er fast seine ganze Zeit in den Wirtshäusern. Er fand einen Jungen, der ihn auf der Station mehr schlecht als recht vertrat. Eine Zeitlang ging das gut, weil ihn niemand kontrollierte und nur wenige Züge Luddenden Foot passierten.

Charlotte hatte sich wieder aufgerafft, eine neue Stelle anzunehmen. Anfang März 1840 fuhr sie nach Rawdon zur Familie John Whites, wo sie zwei Kinder zu unterrichten und zu beaufsichtigen hatte. Diesmal schienen die Aussichten günstiger zu sein. *Ich kann bis jetzt nur sagen, daß Mr. und Mrs. White anständige Leute zu sein scheinen... Meine Schüler sind wild und ungezügelt, offensichtlich aber gutmütig... Es ist mein ernsthafter Wunsch und mein Bestreben, mit ihnen auszukommen und sie zufriedenzustellen.*[77] Doch bald stellte sich heraus, daß der Umgang mit

Anne Brontë. Aquarell von Charlotte, 1834

Mrs. White keineswegs einfach war. Immerhin, Charlotte war sich inzwischen darüber im klaren, daß diese Schwierigkeiten zumindest teilweise auch auf ihre nach innen gewandte, herbe und abweisende Art zurückzuführen waren. Sie schrieb an Ellen: *Meine Probleme kommen Dir sicherlich verhältnismäßig trivial vor. Ich finde es so mühselig, die plumpe und unhöfliche Vertrautheit der Kinder zurückzuweisen. Ich finde es so schwierig, die Hausangestellten oder die Herrin um etwas zu bitten, so sehr ich es*

Charlotte Brontë. Porträt von George Richmond, 1850

auch begehre. Ich erdulde lieber die größten Unbequemlichkeiten, als eine Bitte auszusprechen.[78]

Den Schwestern war wohl klargeworden, daß sie auf dem Weg, den sie beschritten hatten, kaum Erfolg erlangen, das heißt: sich eine gesicherte Existenz schaffen konnten, die gleichzeitig auch mit ihrem scheuen, schweigsamen Wesen zu vereinbaren war. Annes Rückblick in einer Tagebuchnotiz charakterisiert beinahe schmerzlich, wie die Schwestern ihr bisheriges berufliches Hin und Her empfunden haben mochten: *Wie we-*

nig wissen wir, was wir sind. *Und wieviel weniger noch, was aus uns werden wird! Vor vier Jahren ging ich zur Schule. Dann wurde ich Gouvernante in Blake Hall, ging wieder, kam nach Thorp Green... Emily war Lehrerin in Miss Patchets Schule und verließ sie wieder. Charlotte gab ihren Posten an Miss Woolers Schule auf, wurde Gouvernante bei Mrs. Sidgwick, verließ diese Familie wieder und nahm eine Stelle bei Mrs. White an. Branwell hat die Malerei aufgegeben, wurde Hauslehrer in Cumberland, gab die Stellung nach kurzer Zeit wieder auf, wurde Angestellter bei der Bahn...* [79] Die Zukunft wurde immer mehr zu einem Schrecken, alles war ungewiß. *Was werden uns die nächsten vier Jahre bringen? Nur die Vorsehung weiß es. Wir haben uns seit damals wenig verändert: Ich habe noch dieselben Fehler wie einst, nur bin ich gescheiter und erfahrener geworden, und ich habe ein wenig mehr Selbstbeherrschung gewonnen.* [80]

Brüssel

Für andere zu arbeiten – sei es als Lehrer oder Gouvernante – war allen Brontës verleidet. Erstens hatten sie dabei bisher kaum etwas verdient – zumindest war nichts übriggeblieben –, zweitens war das Gefühl unerträglich, von anderen Menschen abhängig zu sein, unter ihnen leben und arbeiten zu müssen. *Was mich schreckt und verfolgt ist manchmal die Überzeugung, daß ich kein natürliches Geschick für meinen Beruf besitze. Würde es sich nur um das Unterrichten handeln, wäre alles kein Problem, doch es ist dies: daß man in anderer Leute Häuser leben muß – die Entfremdung von seinem eigentlichen Wesen –, daß man kalte, frostige, apathische, gleichgültige Äußerlichkeiten annimmt, was alles so furchtbar schmerzt.*[81] Um in Zukunft wie einst zusammmen leben zu können und dies möglichst auch noch im Pfarrhaus oder in dessen Nähe, schmiedeten sie einen Plan, der zuerst recht kühn anmutete, allmählich jedoch immer konkretere Formen annahm. *Wir denken daran,* schrieb Anne in einem Tagebuchfragment vom 30. Juli 1841, *selbst eine Schule zu gründen. Bis jetzt haben wir noch nichts Endgültiges in die Wege geleitet, und wir wissen auch gar nicht, ob wir überhaupt dazu in der Lage sind. Ich hoffe jedoch, daß wir es schaffen.*[82]

Emily war von dem bloßen Gedanken, eine eigene Schule zu besitzen und dort arbeiten zu können, dermaßen beflügelt, daß sie sich bereits Tagträumen hingab: Sie sah sich mit Charlotte und Anne im eigenen Wohnzimmer im Schulgebäude sitzen – das erste Schulsemester war gerade zu Ende – und die langen Sommerferien genießen: *Unsere Schulden sind zurückgezahlt, und wir besitzen Bargeld in beträchtlicher Höhe. Papa, Tante und Branwell befinden sich entweder bereits bei uns oder sind im Begriff, uns zu besuchen. Es wird ein schöner, warmer Sommerabend sein... Anne und ich werden vielleicht für ein paar Minuten in den Garten schlüpfen, um unsere Aufzeichnungen durchzuschauen. Ich hoffe, dies oder etwas noch Schöneres wird Wirklichkeit.*[83] Auch Charlotte war begeistert von dem Plan und von der Unabhängigkeit und Selbständigkeit, die die Gründung der Schule ihnen versprach. Aber sie blickte nüchterner und realistischer in die Zukunft als ihre Schwester: *Unser Projekt hat sich*

Anne, Charlotte, Branwell und Emily Brontë. Zeichnung von Branwell

noch kaum aus der Schale befreit, und ob es zu einem flüggen Küken wer-
den oder sich als faules Ei entpuppen und sterben wird, ist eines jener Ge-
heimnisse, das leider nur ein Orakel enthüllen könnte... Papa und Tante
reden dann und wann davon, daß wir – Emily, Anne und ich – eine Schule
aufmachen wollen. Ich habe schon oft erwähnt, daß ich mir so etwas wün-
sche. Aber ich konnte mir nie vorstellen, woher das Geld kommen sollte,
um einen solchen Plan zu verwirklichen. Ich wußte zwar sehr gut, daß
Tante Geld besaß, doch ich dachte immer, daß sie die letzte wäre, die uns zu
diesem Zweck etwas leihen würde. Ein Darlehen immerhin hat sie angebo-
ten, oder besser: Sie läßt durchblicken, daß sie dies täte, falls wir Schüler
und einen passenden Ort für die Schule finden.[84]

Charlotte betrachtete den Plan auch von der kaufmännischen Seite her.
Sie war nicht bereit, sich blindlings auf dieses Abenteuer einzulassen: *Ich*
erwarte nicht, daß Tante für solch ein Wagnis mehr als 150 Pfund riskiert.[85]

Zunächst mußte ein geeigneter Ort für die Schule gefunden werden.
Charlotte dachte an Bridlington. Sie fragte ihre frühere Arbeitgeberin
Miss Wooler um Rat. Diese bot Charlotte ihre alte Schule in Dewsbury
zum Kauf an und erklärte sich bereit, ihr die Möbel zu leihen. Charlotte
war von dem Angebot angetan, jedoch nicht begeistert. Die Frage, ob sie
und ihre Geschwister in der Lage sein würden, Schüler zu unterrichten,
erfüllte sie mit Skepsis. Zunächst galt es zu überlegen, wie man überhaupt

Schüler gewinnen konnte. Dazu bedurfte es einiger Reputation und Refe-
renz. Weder Emily noch Anne besaßen eine wirklich fundierte Schulbil-
dung, die sie den Schülern hätten vermitteln können. Charlotte war die
einzige, die die erforderlichen Qualifikationen für den Lehrerberuf mit-
brachte.

Charlottes Freundin Mary Taylor wollte England verlassen und nach
Neuseeland auswandern, um die Fesseln des Gouvernantendaseins, zu
dem sie in England unweigerlich verdammt war, zu sprengen. Vorher
wollte sie aber noch zusammen mit ihrer Schwester Martha auf eine
Schule in Brüssel gehen. Dieser Plan faszinierte Charlotte, die es bislang
immer wieder zurück nach Haworth gezogen hatte. Sie kam plötzlich auf
die Idee, ihrer Bildung ebenfalls durch einen Schulaufenthalt in Brüssel
den letzten Schliff zu geben. *Ich habe*, so schrieb sie vorsichtig und höchst
diplomatisch an ihre Tante, die als einzige diesen neuen Plan finanzieren
konnte, *nichts mehr von Miss Wooler gehört, seitdem ich ihr geschrieben
und mitgeteilt habe, daß ich ihr Angebot annehme... In der Zwischenzeit
hat jedoch ein anderer Plan in mir Gestalt angenommen... Meine Freunde
empfehlen mir, die Gründung der Schule noch ein halbes Jahr aufzuschie-*

Anne Brontë (Isabelle Huppert, links) als Gouvernante im Haus der Robinsons

Charlotte (Marie-France Pisier, links) und Emily (Isabelle Adjani) im Pensionat Héger. Szenen aus André Téchinés Film «Die Schwestern Brontë», 1978

ben und diese Zeit für eine Ausbildung an einer Schule auf dem Kontinent zu nutzen. Nur so, meinen sie, werde ich mit meiner Schule Erfolg haben.[86] Charlotte führte alle Argumente an, die für ihren neuen Plan sprachen: *Es gibt so viele Schulen in England. Die Konkurrenz ist dermaßen groß, daß wir – so sagt man uns – ohne diese zusätzliche Ausbildung höchstwahrscheinlich sehr hart kämpfen müßten und am Ende vielleicht sogar scheitern würden. Außerdem benötige ich das Darlehen von 150 Pfund, das Du uns freundlicherweise angeboten hast, im Augenblick nur teilweise, weil Miss Wooler uns die Möbel leihen will.*[87] Charlotte versprach sich durch die zusätzliche Ausbildung größeren Erfolg und hoffte – dies als Lockmittel für die Tante –, dann auch die Schulden rascher zurückzahlen zu können. Die Kosten für den Schulaufenthalt brachte sie ganz behutsam ins Spiel. *Ich würde nicht nach Frankreich gehen, sondern nach Brüssel in Belgien. Die Reisekosten dorthin betrügen 5 Pfund, wenn man auf die billigste Weise reist. Das Leben dort kostet nur ungefähr halb so viel wie in England, und die Bildungsmöglichkeiten sind ebenso gut oder sogar noch besser als an jedem anderen Ort in Europa. In einem halben Jahr könnte*

ich mich mit der französischen Sprache völlig vertraut machen, mein Italie-
nisch wesentlich verbessern und sogar etwas Deutsch lernen, was natürlich
davon abhängt, ob meine Gesundheit mich auch weiterhin nicht im Stich
läßt.[88]

Charlotte dachte aber nicht nur an sich. Auch Emily sollte mit auf die
Schule nach Brüssel. Mit ein wenig Furcht dachte sie allerdings an den
Vater, der *das Ganze vielleicht für einen übereilten und ehrgeizigen Plan*
halten wird, jedoch: *Wer hat es jemals in der Welt ohne Ehrgeiz zu etwas*
gebracht? Als er Irland verließ, um in Cambridge die Universität zu besu-
chen, war er ebenso ehrgeizig wie ich jetzt. Ich möchte uns alle weiterbrin-
gen. Ich weiß, daß wir begabt sind, und ich habe vor, unsere Talente zur
Entfaltung zu bringen. Ich hoffe auf Dich und Deine Hilfe, Tante; und ich
glaube, daß Du uns diese Bitte nicht abschlagen wirst.[89] Tante Branwell
konnte sich den Argumenten nicht verschließen. Charlotte triumphierte,
und der Plan, Miss Woolers Schule zu übernehmen, war vergessen.

Weihnachten 1841 befanden sich alle Brontës wieder im Pfarrhaus. Die
stille Anne fühlte sich verhältnismäßig wohl, denn bei ihren Arbeitgebern
in Thorp Green hatte sie sich erstaunlich gut eingelebt. Branwell verhielt
sich schweigsamer; ihn bedrückte nicht nur die ungeliebte Arbeit bei der
Bahn in Luddenden Foot, sondern zugleich die bevorstehende Abreise
Charlottes und Emilys. Vielleicht verbitterte ihn auch Charlottes Mut, ins
Ausland zu gehen und anschließend eine eigene Schule zu gründen, während er von Mal zu Mal deprimierendere Mißerfolge erlebte. Emily sah
dem Schulaufenthalt weniger begeistert entgegen. Zweimal war sie in der
Fremde gewesen, und beide Male hatte es mit einer kleinen Katastrophe
geendet. Sie hätte die Schule lieber sofort eröffnet. Ein kleiner Trost war
immerhin, daß Charlotte mit ihr reisen würde.

Die Familie hatte sich inzwischen für das Pensionat Héger in Brüssel
entschieden. Charlotte und Emily sollten bis September dort bleiben;
doch insgeheim hoffte Charlotte, daß sie beide mindestens ein Jahr im
Ausland bleiben konnten. Charlotte plante auch, im Anschluß an die
Schule noch etwas Erfahrung als Lehrerin zu erwerben.

Im Februar 1842 reiste Patrick Brontë mit Charlotte und Emily nach
Brüssel. Charlotte drückte nun mit 26 Jahren noch einmal die Schulbank.
Emily war 24 Jahre alt. Die anderen Schülerinnen des Pensionats waren
alle wesentlich jünger. Die beiden Engländerinnen hatten es nicht leicht,
sich in die Gemeinschaft der Schülerinnen einzufügen. Doch das wollten
sie eigentlich auch nicht, Emily noch weniger als Charlotte. Schon in ihrem Äußeren, ihrer Kleidung hoben sie sich von den anderen Mädchen
ab. Beide trugen immer schwarze Kleider, die höchst altmodisch waren
und schlecht saßen. In den Pausen gingen sie ihre eigenen Wege, hielten
sich von den schwatzenden, lachenden Gruppen fern und suchten sich

Brüssel, Rathausplatz

eine verborgene Stelle im Garten. Sie lächelten nie und arbeiteten verbissen. Daß sie sich nur selten mit den anderen unterhielten, wurde ihnen nicht als Scheu, sondern als Stolz ausgelegt. Die Folge war, daß die beiden Schwestern allein dastanden. Aber sie brauchten auch keine Kontakte, keine Freunde. Sie hatten einander, und sie hatten die Arbeit, auf die sie sich voll und ganz konzentrierten.

Die Sommerferien bedeuteten für die Schwestern harte Arbeit; jede Stunde sollte genutzt werden. Emily begann im Sommer jüngere Mädchen in Musik zu unterrichten; und Charlotte fing im September an, sich im Englischunterricht zu erproben. Beide waren mit den Hégers übereingekommen, den Schulaufenthalt über den ursprünglich für die Abreise ins Auge gefaßten September hinaus zu verlängern.

Ende Oktober starb Tante Branwell. Als die Nachricht von ihrem Tod in Brüssel eintraf, packten die Mädchen sofort ihre Sachen. Am 6. November verließen sie Brüssel.

Zwei Tage später waren sie im Pfarrhaus. Die Tante war bereits beerdigt. Anne und Branwell erwarteten sie zu Hause. Branwell war seit Ende März ohne Stellung. Bei einer Revision der Bahnstation hatte sich her-

Der Garten des Pensionats Héger, um 1840

ausgestellt, daß er sich so gut wie gar nicht um seine Arbeit gekümmert hatte; außerdem stimmte die Kasse nicht. Er wurde auf der Stelle entlassen. 25 Jahre alt war er jetzt, und wieder zog er als Gescheiterter ins Pfarrhaus ein. Die Aussicht, wohl niemals für sich selbst sorgen zu können, mußte deprimierend sein. Branwell flüchtete sich immer häufiger in Alkohol und Opium. Wenn er nicht gerade schweigend im Pfarrhaus herumsaß und las oder in den Kneipen der Umgebung seinen großen Auftritt inszenierte, schrieb er an der Angria-Saga weiter. Branwell war der einzige der Brontë-Geschwister, der nie der Welt der Kindermärchen entwuchs. Am 7. Mai 1842 erschien zum erstenmal ein Gedicht von ihm im «Leeds Intelligencer», die erste Veröffentlichung der Brontës.[90] Doch das tröstete ihn nicht. Branwell wußte genau um seine hoffnungslose Situation. Wahrscheinlich hatte er sich zu dieser Zeit bereits aufgegeben und sah nur noch die Flucht in den Alkohol.

Weihnachten 1842. Die Brontës waren wieder im Pfarrhaus. Tagsüber streiften sie über die Moore, abends saßen sie bis in die Nacht hinein im Wohnzimmer beisammen. Man musizierte, träumte, besprach die gemeinsame Zukunft. Depressionen, Schlaflosigkeit, Sehnsuchtsträume, Heimweh – all das war nun vergessen. Es war wie immer. Die Welt draußen hatte wieder einmal all ihre Schrecken verloren; und die Zukunft sah weniger düster aus als sonst.

Anne sollte wieder zu den Robinsons nach Thorp Green zurückkehreen und auch Branwell mitbringen, dem die Familie eine Stelle als Hilfslehrer angeboten hatte. Branwell liebte den Lehrerberuf zwar nicht; aber er war froh über die Chance, seinem öden, langweiligen Leben ohne Arbeit und Selbstbestätigung ein Ende bereiten zu können. Emily war ebenso zufrieden. Brüssel war ein Erfolg gewesen; sie hatte es immerhin fast ein ganzes Jahr lang auf der Schule ausgehalten und sich in dieser Zeit auch nicht allzu unglücklich gefühlt. Außerdem hatte sie eine Menge gelernt; Französisch, Deutsch und nicht zuletzt auch eine gewisse Sicherheit im Umgang mit anderen Menschen. Aber nun wollte sie weiterhin im Pfarrhaus bleiben und sich um dem Haushalt kümmern. Wahrscheinlich trug auch diese Aussicht zu ihrer glücklichen Stimmung bei.

Charlotte war wie verändert. Das Jahr auf dem Pensionat hatte sie begeistert. Haworth und die Geschwister hatten plötzlich viel von ihrer beinahe magischen Anziehungskraft verloren. Natürlich gab es für Charlotte ganz konkrete Gründe, wieder nach Brüssel zurückzukehren: Dem Plan, eine eigene Schule zu eröffnen, konnte es nur förderlich sein, daß sie soviel wie möglich dazulernte, ihr Französisch und Deutsch weiter verbesserte. Und schließlich lockte sie auch der Lebensstil im Haus in der Rue d'Isabelle. Die kleine, schüchterne Charlotte wünschte sich so sehnlich, wieder nach Brüssel zu reisen und noch ein weiteres Jahr dort zu

leben und zu lernen, daß sie bereit war, die Fahrt ganz allein – ohne Reise-
begleitung – auf sich zu nehmen.

Constantin Héger hatte einen Brief an ihren Vater geschrieben und ihn
gebeten, Charlotte wieder auf seine Schule zu schicken. «Der Verlust unserer beiden lieben Schülerinnen», schrieb er an Brontë, «macht uns traurig und betroffen, denn diese plötzliche Trennung zerstört das beinahe
väterliche Gefühl, das wir für die beiden empfunden haben. Und noch
besorgter sind wir bei dem Gedanken, eine so vielversprechend begon-
nene Arbeit abbrechen zu müssen, die kurz vor der Vollendung stand. In
einem Jahr wären Ihre beiden Töchter auf alle Anforderungen ihres künftigen Lebens vorbereitet gewesen. Beide haben bereits als Schülerinnen
begonnen, sich die Kunst des Unterrichtens anzueignen.»[91]

Dieser Brief gab den Ausschlag, denn er überzeugte Patrick Brontë
von der Notwendigkeit, Charlotte erneut nach Brüssel zu schicken. Auch
bei Charlotte muß Hégers Schreiben die letzten Zweifel beseitigt haben.
Er hatte es nicht nötig, solche Bittbriefe zu schreiben, denn sein Institut
litt keineswegs unter Schülermangel. Es war ganz offensichtlich: Constantin Héger wollte Charlotte wieder im Pensionat haben. Diese Tatsache erleichterte ihr die Entscheidung, erneut die Koffer zu packen.

Es war vereinbart, daß Charlotte für ihre Unterkunft und die Stunden
bezahlten sollte, indem sie selbst mit unterrichtete und vor allem Héger
private Englischstunden erteilte. Die Hégers waren sogar bereit, ihr ein
kleines Gehalt zu bezahlen und wollten sie wie ein Familienmitglied be-
handeln. Am 27. Januar 1843 reiste Charlotte über London nach Brüssel.

Was sie dort erwartete, mochte ihr zu diesem Zeitpunkt selbst noch
nicht so klar sein. Daß sie plötzlich ein Faible für den Lehrerberuf in sich
entdeckte, mutet seltsam an, denn diese Tätigkeit hatte ihr noch nie zuge-
sagt. Daran änderte sich auch in Brüssel nichts. Sie gab ihre Abneigung
gegen die Schüler unverhohlen zu: *Unter den 120 Schülern, die sich tagsüber im Haus aufhalten, finde ich nur einen oder zwei, die überhaupt
Beachtung verdienen. Der Grund liegt nicht in meiner törichten, wähleri-
schen Art, sondern darin, daß diese Leute einfach keine bemerkenswerten
Eigenschaften haben.* Charlottes alte Abneigung gegen Fremde kam sehr
rasch wieder zum Vorschein. *Sie besitzen weder Verstand noch Höflich-
keit, noch Gutmütigkeit, noch Gefühl. Sie sind einfach nichts. Ich hasse sie
nicht, denn Haß wäre ein viel zu starkes Gefühl. Sie haben selbst keine
Empfindungen, und sie erregen auch keine. Aber man leidet von Tag zu
Tag darunter, wenn man sich um nichts sorgt, nichts fürchtet, nichts mag,
nichts haßt, nichts ist, nichts tut – gut, ich unterrichte und laufe manchmal
rot an im Gesicht aus Ungeduld über ihre Dummheit.*[92]

An der Schule konnte es folglich nicht liegen, daß Charlotte so gern in

Constantin Héger. Gemälde von Joseph Gerard

Brüssel bleiben wollte. In einem Brief an Ellen Nussey werden ihre wahren Beweggründe deutlicher. Sie hatte Héger und seinem Schwager Englischunterricht zu erteilen und berichtete begeistert über deren Fortschritte. *Sie kommen beide mit wunderbarer Schnelligkeit voran, besonders der erste.* Damit war Constantin Héger gemeint. Er war es eigentlich, der Charlotte nach Brüssel gezogen hatte. Zwar versuchte sie ihre Sympathie für ihn mit sachlichen Gründen zu erklären; doch sie konnte das Gefühl, das dahinterstand, nicht verbergen. *Er spricht schon ganz anständig Englisch. Wenn Du sehen könntest, wie ich mich bemühe, ihm eine korrekte Aussprache beizubringen, und seine vergeblichen Versuche hören würdest,*

Die Familie Héger. Gemälde von Ange François, um 1847

alles nachzusprechen, würdest Du bis in alle Ewigkeit lachen.[93] Das Verhältnis zwischen Charlotte und den Hégers beschränkte sich nicht auf die Schulstunden. *Der Karneval ist gerade vorbei... M. Héger nahm mich und einen anderen Schüler mit in die Stadt, um die Masken zu sehen.*[94] Charlottes Verehrung – liebevoll nannte sie Héger den *schwarzen Schwan*[95] – schien erwidert zu werden; auch Héger mochte die scheue Engländerin mit dem blassen Gesicht. Und Charlotte fühlte sich zum erstenmal in der Fremde glücklich. Die Dummheit der Schüler, die fremde und für das Mädchen vom Land so gewaltig anmutende Stadt, das Personal – all das quälte sie im Augenblick nicht. *Außer dem tiefen Wunsch nach Gesellschaft vermisse ich nichts. Ich muß nicht viel arbeiten, habe genügend Freiheit, und man stört mich selten. Ich führe ein leichtes, ruhiges Leben ohne besondere Ereignisse, für das ich, wenn ich mich an Mrs. Sidgwick erinnere, sehr dankbar sein muß.*[96]

Charlotte schwärmte für Héger, dachte kaum mehr an etwas anderes als an ihn und schrieb rührselige Verse, in denen sie in erträumten Liebesszenen schwelgte. In einem Brief schilderte sie, wie sie krank darniederliegt und nach einer Berührung Hégers schmachtet: *Ich fühlte seine Hand einen Augenblick lang mit sanftem Druck auf der meinen.* Sie hatte weder die Kraft zu sprechen noch sich zu rühren, sie empfand in sich nur *Hoffnung und die Macht der Liebe, deren heilendes Werk sogleich beginnt*[97]. Das konnte nicht gutgehen. Madame Héger kam rasch dahinter, daß Charlottes Anbetung ihrem Mann galt und nicht ihrer Familie oder dem Institut. *Seit ein paar Tagen,* stellte Charlotte entsetzt fest, *sprechen die beiden Hégers kaum noch mit mir . . .* Es stand für Charlotte fest, daß Madame Héger an dieser Mißstimmung schuld war. *Ich bin überzeugt, daß sie mich nicht mag.*[98] Ein paar Monate später, im Oktober, hatte sich Charlottes Mißtrauen bereits zu erklärter Ablehnung verhärtet. *Ich traue Madame Héger nicht mehr*[99], hieß es lapidar in einem Brief an Ellen Nussey. Madame war an allem schuld, sie hatte ihren Mann gegen Charlotte aufgehetzt. Eine andere Erklärung für das getrübte Verhältnis zu den Hégers konnte Charlotte sich nicht vorstellen. Daß Héger, plötzlich hinter Charlottes wahre Absichten gekommen, durch seine Zurückhaltung einer weiteren Gefühlsverwirrung seines Zöglings entgegenwirken wollte, hielt sie für ausgeschlossen. *Ich vermute,* berichtete sie Emily, *er betrachtet mich jetzt als einen Menschen, der mit sich allein gelassen sein will – dem Irrtum seines Weges überlassen. Infolgedessen hat er mir das Licht seiner Unterstützung versagt, und ich lebe von Tag zu Tag in einer Robinson-Crusoe-ähnlichen Situation – sehr einsam.*[100] Noch war Charlotte nicht verbittert genug, diese Entfremdung auf ihre ganze Umgebung auszudehnen und alles widerwärtig zu finden: *In anderer Hinsicht habe ich wirklich nichts auszusetzen, und ich will mich auch gar nicht beschweren. Allerdings bedrückt es mich, M. Hégers Wohlwollen verloren zu haben (falls das wirklich der Fall ist).*[101]

Als Lehrerin hatte Charlotte diesmal erstaunlicherweise Erfolg. Sie wurde ganz allein, ohne Hégers Hilfe, mit den Schülern fertig. Ihr Stolz verbot es ihr, sich den Hégers aufzudrängen, und vielleicht manövrierte sie sich auf diese Weise selbst in eine Isolation hinein, die die Hégers gar nicht wünschten. Sie ließ sich plötzlich nicht mehr im gemeinsamen

Wohnzimmer sehen, wo sie zuvor regelmäßig mit der Familie Héger die Abende verbracht hatte. Dafür wanderte sie abends durch die leeren Schulzimmer. Nachts fand sie keinen Schlaf, lag im Bett und dachte nach. In ihrer Phantasie spielte sie ihre Situation immer wieder durch und kam zu Schlußfolgerungen, die ihre Depression nur noch verstärkten. Von Tag zu Tag empfand sie ihre Einsamkeit als quälender und wurde von dem Gedanken verfolgt, daß sie bei den Hégers unerwünscht sei. Mitte August begannen die Ferien; Schüler und Lehrer verließen die Schule. Jetzt kam Charlotte ihre Einsamkeit noch deutlicher zum Bewußtsein. Sie ging den Hégers aus dem Weg und irrte in der fremden Stadt umher, die sie jetzt nicht mehr als freundlich und verlockend empfand, sondern als häßlich, kalt und abstoßend.

Wie deprimiert Charlotte war, wird an einer beinahe absurden Szene deutlich: *Gestern entschloß ich mich, auf den Friedhof zu gehen... Als ich zurückkam, war es Abend. Aber ich hatte eine solche Abneigung, in das Haus zurückzukehren, in dem es nichts gab, was mir etwas bedeutet hätte, daß ich weiter durch die Straßen in der Nachbarschaft der Rue d'Isabelle streifte... Ich entdeckte, daß ich mich gegenüber von St. Gudule befand, und die Glocke... begann zum Abendgebet zu läuten. Ich ging hinein, ganz allein, und wanderte bis zum Beginn der Abendandacht im Seitenschiff umher, wo ein paar alte Frauen ihr Gebet sprachen. Ich blieb bis zum Ende der Andacht. Auch dann vermochte ich die Kirche nicht zu verlassen. Ich versuchte mich zur Heimkehr zu zwingen; doch es war vergeblich.* In den Beichtstühlen entdeckte Charlotte einen Priester. *Ich wünschte mir plötzlich, Katholikin zu sein und eine richtige Beichte abzulegen... Neugier oder Bedürfnis?* Charlotte folgte ihrer inneren Stimme und kniete in einem der Beichtstühle nieder. *Ich war nun gezwungen, etwas zu sagen; doch ich kannte kein einziges Wort der Formel, mit der man die Beichte einzuleiten pflegt. Es war eine komische Situation... Ich erklärte zunächst, ich sei eine Fremde und als Protestantin großgezogen worden. Der Priester fragte, ob ich immer noch Protestantin sei. Irgendwie konnte ich nicht lügen und sagte «Ja». Er erwiderte, daß er in diesem Fall nicht «jouir du bonheur de la confesse» könne. Aber ich war entschlossen, eine Beichte abzulegen; und zuletzt sagte er, daß er es mir erlauben wolle, weil es der erste Schritt in die wahre Kirche zurück sein könne. Und ich beichtete – eine richtige Beichte.*[102] An ihrer Depression änderte dieses Erlebnis freilich nichts; die Szene im Beichtstuhl war nur bezeichnend für Charlottes großes psychisches Unglück.

Charlotte wollte plötzlich wieder nach Hause. In ihren schlaflosen Nächten, oder wenn sie nach Hause schrieb – beispielsweise an Emily –, quälte sie die Sehnsucht, wieder im Pfarrhaus zu sein: *Ich wäre gern zu Hause im Speisezimmer oder in der Küche oder in dem Raum hinter der*

Küche. Ich würde sogar das Fleisch kleinschneiden... und Du ständest dabei, um aufzupassen, ob ich genug Mehl und nicht zuviel Pfeffer verwende... Wie göttlich kommen mir im Augenblick diese Erinnerungen vor.[103] Charlotte war beinahe soweit, alles hinzuwerfen und abzufahren; doch dagegen kämpfte ihre Vernunft. Eine solche emotionale Reaktion konnte und wollte sich die eiserne, pflichtbewußte Charlotte nicht gestatten. Anne, Emily oder Branwell hätten in dieser Situation möglicherweise so reagiert, nicht aber Charlotte. *Ich habe keinen wirklichen Anlaß, das zu tun,* schrieb sie an Emily ins Pfarrhaus. *Es ist wahr, dieses Haus ist trübselig für mich, aber ich kann nicht heimkehren, ohne zu wissen, was ich zu Hause tun soll.* Charlotte brauchte für diesen Schritt konkrete Gründe – Gründe, an die sie selbst glauben konnte. *Schreib mir,* forderte sie Emily auf, *ob Papa sich wirklich so sehr wünscht, daß ich heimkomme, und ob es auch Dein Wunsch ist. Ich habe das Gefühl, daß ich dort nutzlos bin – eine Art ältliche Person in der Pfarrei.*[104]

Den Hégers war Charlottes verändertes Wesen sicherlich aufgefallen, und wahrscheinlich sprach man darüber. Charlotte mochte auch angedeutet haben, daß sie mit dem Gedanken spielte, die Schule zu verlassen. *Nachdem Monsieur Héger davon gehört hatte, bat er mich zu sich und teilte mir mit Nachdruck seine Meinung mit: nämlich, daß ich nicht gehen solle.* Héger kümmerte sich nun verstärkt um Charlotte. Dennoch litt sie. *Mir ist sehr kalt. Es gibt kein Feuer. Ich wünschte mir, zu Hause bei Papa zu sein. Bei Branwell, Emily, Anne und Tabby* (der Haushälterin). *Ich bin es müde, unter Ausländern zu leben. Es ist ein langweiliges Leben. Vor allem deshalb, weil es nur eine einzige Person im ganzen Haus gibt, die es wert ist, geliebt zu werden...*[105]

Mitte Dezember kündigte Charlotte endgültig. Sie verließ Brüssel am Neujahrstag; am 3. Januar 1844 war sie wieder im Pfarrhaus.

Zwei Jahre wartete Charlotte fast jeden Tag auf den Briefträger, ob er nicht eine Nachricht aus Brüssel brächte, einen Brief Hégers. Sie schrieb ihm eine Reihe von Briefen, einer fordernder und leidenschaftlicher als der andere. Beim Abschied hatten die beiden miteinander verabredet, wenigstens die Korrespondenz aufrechtzuerhalten. In der Rue d'Isabelle hatte Charlotte ihre Gefühle noch zu verbergen vermocht; nun jedoch wurden ihre Briefe immer deutlicher. Darauf konnte oder wollte Héger nicht eingehen. Die wenigen Briefe aus Brüssel waren sehr zurückhaltend, sehr höflich abgefaßt, am Ende sogar kühl und abweisend; und schließlich schrieb Héger überhaupt nicht mehr. Auch Charlottes flehentliche Bitten fruchteten nichts. *Sechs Monate warte ich auf einen Brief von Monsieur,* schrieb sie ihm zum Beispiel, *sechs Monate zu warten ist sehr lange, wissen Sie. Trotzdem beklage ich mich nicht, und mein geringer Kummer würde reich belohnt, wenn Sie mir nunmehr nur einen kurzen*

Brief schrieben... Mit diesem Brief will ich zufrieden sein, so kurz er auch sein mag – vergessen Sie nur nicht, mir über Ihre Gesundheit zu berichten, und wie es Madame und den Kindern geht und den Lehrerinnen und Schülerinnen...[106]

Charlotte brauchte lange, um zu begreifen, daß Héger ihre Zuneigung nicht erwiderte und auch nicht erwidern konnte. Was vordergründig nach einer schwärmerischen, unerfüllten oder gar tragikomischen Liebesromanze aussah, war in Wirklichkeit etwas sehr viel Komplizierteres. Héger war für Charlotte das, als was sie ihn in einem ihrer Briefe bezeichnete, *ihr einziger Herr*[107].

Charlotte aß wenig und ohne Appetit, war lustlos und wußte nicht, was sie mit ihrer Zeit anfangen sollte. England sollte sie fortan nie mehr verlassen und Haworth nur noch für wenige Tage. Emily meisterte routiniert den Haushalt, eine Arbeit, der Charlotte noch nie etwas abgewonnen hatte. Das Nichtstun, das Gefühl, kaum gebraucht zu werden, mußte Charlotte nun besonders hart treffen. Anne und Branwell waren nach wie vor in Thorp Green. *Jeder fragt mich, was ich vorhabe, jetzt, da ich nach Hause zurückgekehrt bin. Und alle scheinen zu erwarten, daß ich jetzt sofort eine Schule eröffne. Das ist in der Tat mein allergrößter Wunsch.* Das Erbe der Tante – sie hatte sich im Laufe der Jahre 1500 Pfund zusammengespart – stand den Geschwistern voll zur Verfügung. *Ich habe genügend Geld für das Unternehmen und, so hoffe ich, auch ausreichende Qualifikationen, um einigermaßen erfolgreich zu sein.* Trotzdem zögerte Charlotte noch mit der Gründung der Schule. *Es ist wegen Papa. Er wird... älter und seine Augen verschlechtern sich immer mehr. Mir ist schon seit einigen Monaten klar, daß ich nicht von ihm weggehen sollte. Es wäre zu selbstsüchtig, ihn jetzt zu verlassen, um meine eigenen Interessen zu verfolgen (zumindest, solange Anne und Branwell fort sind). Mit Gottes Hilfe versuche ich, darauf zu verzichten und abzuwarten.*[108]

Emily war zufrieden mit ihrem Leben zwischen dem Haushalt im Pfarrhaus und den Mooren hinter dem Friedhof. Eine intensivere Beziehung zu anderen Menschen vermißte sie nicht. Ihr Interesse gehörte den Tieren, die im Haus lebten, Hunden, Katzen, Vögeln. Tiere waren unkompliziert und treu; mit ihnen war eine Kommunikation ohne Worte möglich; ihnen gegenüber fühlte Emily sich sicher. Tiere liebte sie, den Menschen ging sie mehr denn je aus dem Weg. Das Leben im Pfarrhaus bot ihr die Möglichkeit dazu. Sie saß mit ihrem großen Hund Keeper vor dem Feuer im Speisezimmer, den Arm um seinen Hals geschlungen, und las ihm vor. Von ihren Spaziergängen brachte sie Vögel mit, die aus dem Nest gefallen waren, und päppelte sie hoch.

Charlotte hatte sich verändert. Die verschiedenen Schulbesuche, die Stellen als Gouvernante und natürlich der Aufenthalt in Brüssel – all das

Der Hund Keeper. Aquarell von Emily

hatte Spuren hinterlassen. Das stille, friedliche Pfarrhaus, das sie sich in den einsamen Monaten im Pensionat Héger so herbeigesehnt hatte, genügte ihr nicht mehr. *Haworth ist ein einsamer, ruhiger Ort, verschüttet und von der übrigen Welt abgeschlossen.*[109] Charlotte hatte sich an das Leben in der Schule gewöhnt, vielleicht auch daran, als Lehrerin anerkannt zu sein und eine gewisse Macht auszuüben – auch wenn sie das in Brüssel nicht als angenehm empfunden hatte. Vielleicht spielte auch die Furcht mit, in Haworth sitzenzubleiben. *Ich betrachte mich nicht mehr als jung – in der Tat, bald werde ich achtundzwanzig sein.*[110]

Charlotte und Emily verstanden sich nach wie vor. Charlotte hatte viel zu erzählen; das Thema Constantin Héger freilich berührte sie nicht. Emily hätte die Gefühle ihrer Schwester wohl kaum verstanden. Sie kümmerte sich um den Haushalt, kochte, versorgte die Tiere und las. Mit diesem Leben war sie zufrieden. Sie hatte sehr viel Zeit, ihre Gedanken schweifen zu lassen, wenn sie in der Küche einen Teig anrührte, übers Moor streifte oder des Nachts wach im Bett lag. *Ich habe in meinem Leben*

Prospekt für die Brontë-Schule

Träume geträumt, die mich danach für immer begleitet und meine Gedanken verändert haben. Sie haben mich gänzlich durchdrungen, sie haben die Farbe meines Gemüts verwandelt.[111] Emily lag nichts daran, die Welt und das Leben zu begreifen; sie wollte einzig und allein sich selbst ergründen, ihre eigene Gefühlswelt begreifen. Und so verfolgte sie jede Gemütsregung in sich, suchte nach Ursachen und Zusammenhängen. «Sie arbeitete weiter, dachte nach und träumte. Doch ihr Kampf, vollkommene Selbständigkeit zu erringen, war jetzt zur Leidenschaft geworden. Und im Laufe der Zeit warf sie mehr und mehr alles von sich, was die Menschen ihr beigebracht hatten: Ideen, Einflüsse – alles, was ihr Urteil und ihren Willen hemmte und der absoluten Selbsterkenntnis im Wege stand.»[112]

Emily stand Charlottes Unzufriedenheit und ihrem Streben, aus ihrem Leben etwas zu machen – Erfolg zu haben und Geld zu verdienen –, verständnislos gegenüber. Selbst der Gedanke an die eigene Schule, die sie sich vor Charlottes zweiter Reise nach Brüssel ebenfalls sehnlich erwünscht hatte, berührte sie inzwischen nicht mehr sonderlich. Anne dagegen setzte ihre Hoffnung immer noch auf diese Schule, denn nur sie würde es ihr ermöglichen, zu Hause oder wenigstens bei ihren Geschwistern zu sein und nicht mehr unter Fremden und für Fremde zu leben. Von Branwell erwarteten die Schwestern inzwischen nichts mehr; er galt als bemitleidenswerter Schwächling. Sein Verhalten entschuldigte man mit seiner Krankheit. *Mein armer Bruder,* notierte Charlotte, *ist immer krank.*[113]

Im Juni kamen Anne und Branwell und verbrachten ihre Ferien im Pfarrhaus. Die Schulpläne wurden wieder eifrig diskutiert. Eine Schule außerhalb Haworths zogen die Geschwister inzwischen nicht mehr in Betracht. *Unser Pfarrhaus ist ziemlich groß. Nach ein paar baulichen Veränderungen böte es Platz für fünf oder sechs Zöglinge. Falls ich so viele Kinder aus guter Familie finden kann, werde ich mich deren Erziehung widmen. Emily hat nicht viel Interesse am Unterrichten, doch sie könnte sich um den Haushalt kümmern. Sie ist zwar eine Art Einsiedlerin; doch sie würde in ihrer Gutherzigkeit alles tun, was für das Wohlergehen von Kindern nötig ist.*[114]

Charlotte entwarf einen Prospekt, den sie drucken ließ. Darin bezeichnete sie ihre Schule als das *Misses-Brontë-Institut für Unterkunft und Erziehung einer begrenzten Anzahl junger Damen im Pfarrhaus von Haworth.* Unterkunft, Verpflegung und Unterricht *inklusive Schreiben, Rechnen, Geschichte, Grammatik, Geographie und Handarbeit* sollten 35 Pfund im Jahr kosten. Französisch, Deutsch, Latein, Musik und Zeichnen jeweils 1 Pfund und 10 Shilling pro Quartal. *Jede junge Dame sollte Bettwäsche, eine Bettkiste, vier Handtücher, einen Nachtisch- und einen Teelöffel mitbringen.*[115] Geld war vorhanden, und die Geschwister hatten inzwischen genügend gelernt und sich zum Teil auch Erfahrung im Unterrichten angeeignet. *Jetzt müssen wir nur noch Schüler finden, ein ziemlich schwieriges Unterfangen, weil wir recht weit von den Städten entfernt wohnen und die Reise zu uns beschwerlich ist; die Leute sind nicht versessen darauf, die Hügel zu überqueren...*[116] Also erneuerten die Brontës alte Beziehungen zu Bekannten, schrieben Briefe, baten um Weiterempfehlung. Doch die Antworten waren enttäuschend; kein einziger Interessent meldete sich. Charlottes Plan, sich eine gesicherte Existenz aufzubauen, wirtschaftlich unabhängig zu sein und auf diese Weise für immer mit ihren Geschwistern zusammen leben zu können, war endgültig gescheitert.

Die Romane

Daß Emily Gedichte schrieb, wußten ihre Geschwister. Anne kannte einige dieser Gedichte sogar recht gut, denn die beiden hatten ja zusammen die Gondal-Saga geschaffen. Charlotte berichtete später: *Eines Tages im Herbst 1845 stieß ich zufällig auf einen Stoß Manuskripte mit Versen, die meine Schwester Emily geschrieben hatte. Ich war natürlich nicht überrascht, denn ich wußte, daß sie Gedichte schreiben konnte und auch schon etliche verfaßt hatte. Beim Durchschauen der Blätter ergriff mich...* *die tiefe Überzeugung, daß dies nicht nur Gelegenheitsschreiberei war oder das, was Frauen für gewöhnlich als Verse zu Papier bringen. Ich empfand diese Zeilen als sehr konzentriert und ausgereift, kraftvoll und wahrhaftig. In meinen Ohren klangen diese Verse ganz eigenartig, wie Musik, wild und melancholisch, ja erhebend...*[117] Emily war verärgert, als Charlotte sie auf ihre Verse ansprach. Daß ihre Schwester die Blätter gelesen hatte, empfand sie als eine Art Vertrauensbruch; was sie geschrieben hatte, ging niemanden etwas an. Doch Charlotte blieb hartnäckig. Emilys Verse hatten ihr *Herz wie ein Trompetenstoß*[118] aufgeschreckt; sie mußte die Schwester einfach davon überzeugen, daß sie etwas ganz Außergewöhnliches zustande gebracht hatte und daß diese Verse unbedingt veröffentlicht werden mußten. Anne sagte nicht viel dazu, sondern gab Charlotte unaufgefordert einige ihrer eigenen lyrischen Versuche und bat sie, die Seiten zu lesen. *Wir einigten uns darauf, eine kleine Auswahl unserer Gedichte zusammenzustellen und – wenn möglich – drucken zu lassen.*[119] Unter dem Namen Brontë sollte das kleine Werk allerdings nicht erscheinen. Sie erfanden Pseudonyme: Currer (Charlotte), Ellis (Emily) und Acton Bell (Anne). Der Grund für diese Entscheidung lag nicht etwa in ihrer Bescheidenheit, sondern darin, daß sie die gesellschaftliche Situation der Frau richtig einschätzten: *Wir hatten die vage Befürchtung, daß Schriftstellerinnen leicht Gefahr laufen, mit Vorurteilen betrachtet zu werden.*[120]

Freilich war es nicht leicht, einen Verleger zu finden. Im Januar 1846 erklärte sich die Firma Aylott and Jones bereit, das Buch zu drucken und zu verlegen. Die Schwestern mußten für die Kosten aufkommen. Dank der Erbschaft von Tante Branwell konnten sie sich das leisten. Ende Mai

POEMS

BY

CURRER, ELLIS, AND ACTON

BELL.

LONDON:
AYLOTT AND JONES, 8, PATERNOSTER-ROW.

1846.

*Das erste Buch
der Schwestern Brontë*

war das erste gemeinsame Werk der Schwestern fertig. Zwei Rezensionen
machten auf das Büchlein aufmerksam und ganze drei Exemplare wurden
verkauft. Trotz dieses katastrophalen Mißerfolgs gaben die Schwestern
nicht auf. Sie hatten sich vorgenommen, je einen Roman zu schreiben.
Charlotte meinte, sie könne Aylott and Jones dafür gewinnen, diese Bücher zu verlegen. Charlotte nannte ihren Roman *The Professor* (*Der Professor*), Emily ihren *Wuthering Heights* (*Die Sturmhöhe*) und Anne ihren
Agnes Grey.

Meine Herren, schrieb Charlotte unter ihrem richtigen Namen an den
Verlag, *C., E. und A. Bell bereiten nun ein Romanwerk vor, das aus drei in
sich abgeschlossenen Geschichten besteht. Man kann sie entweder zusammen, als dreibändiges Werk, oder separat in Einzelbänden veröffentlichen,
je nachdem, was Ihnen günstiger erscheint. Die Autoren möchten sich nicht
selbst um die Veröffentlichung ihrer Romane kümmern; deshalb haben sie
mich beauftragt, Sie zu fragen, ob Sie diese Aufgabe übernehmen wollen,
natürlich erst nach genauer Durchsicht der Manuskripte, um den Erfolg
des Werks zu garantieren...*[121] Die Geheimniskrämerei der Schwestern
ging so weit, daß Charlotte nicht einmal ihre besten Freundinnen in dieses
Abenteuer einweihte.

Aylott and Jones sagten ab, weil sie nur Lyrik in ihrem Programm hatten; aber sie schickten Charlotte eine Adressenliste anderer Verlage, die in Frage kamen. Jetzt begann das leidige Geschäft, die Manuskripte zu verschicken. Das übernahm Charlotte, und sie hatte bald Erfolg – allerdings nicht mit ihrem eigenen Roman, sondern mit den Werken ihrer beiden Schwestern. Newby in London war bereit, *Wuthering Heights* und *Agnes Grey* zu drucken, falls die Autoren einen Teil der Kosten tragen wollten. Charlottes *The Professor* allerdings fand keinen Verleger.

Charlotte machte sich mit ihren Angeboten auch keine große Mühe. Immer wenn ein Verlag ihr Manuskript zurückschickte, strich sie seine Adresse auf dem Paket durch und schrieb die neue Anschrift einfach daneben. Dennoch kam eine positive Reaktion aus London: Der Verlag Smith, Elder & Co. nahm das Manuskript zwar nicht an – es sei zu kurz und außerdem nicht spannend genug –, schickte Charlotte aber eine freundliche Kritik, die sie zu einem neuen Versuch ermutigte.

The Professor, Charlottes recht farbloses Erstlingswerk, überzeugte auch später, als sie bereits mit ihren großen Romanen Anerkennung gefunden hatte, ihren Verleger nicht. Kurz vor ihrem Tod wollte sie das Buch noch überarbeiten. Es erschien dann im Jahre 1857, zwei Jahre nach ihrem Tod. Für das Verständnis von Charlottes Entwicklung und als Baustein einer Biographie ist *The Professor* recht interessant, verarbeitet Charlotte in diesem Roman doch ihre Erlebnisse im Pensionat Héger. Ein englischer Lehrer verliebt sich in seine Schülerin Frances, was die Leiterin des Instituts martialisch zu hintertreiben versucht.

Ende August 1847 hatte Charlotte ihr zweites Buch, *Jane Eyre*, nach London geschickt. Fast postwendend kam eine positive Antwort: Smith, Elder & Co. wollten das Buch drucken. George M. Smith, ein junger Mann, der das Unternehmen von seinem Vater geerbt hatte, hielt Currer Bell für den Autor, mit dem der etwas heruntergewirtschaftete Verlag wieder Reputation gewinnen konnte. Charlotte hatte mit der Wahl ihres Verlegers großes Glück, denn Smith kümmerte sich mit Verständnis und wirtschaftlichem Gespür um Charlottes Werk. Emily und Anne dagegen waren an einen unseriösen Verleger geraten, was sie später noch deutlich zu spüren bekommen sollten, aber bereits jetzt bemerkten, als ihre Bücher im Dezember 1847 endlich vorlagen: Sie wimmelten von Setzfehlern und die Aufmachung war dürftig und lieblos. *Jane Eyre* erschien bereits Mitte Oktober, obwohl Charlotte das Manuskript später an ihren Verleger geschickt hatte als ihre Schwestern.

Jane Eyre stellte die beiden Bücher der Schwestern in den Schatten. Dieser Roman war das literarische Ereignis der Saison. William M. Thackeray schrieb nach der Lektüre spontan einen Brief an den Lektor von Smith, Elder & Co., der als symptomatisch für die enthusiastische

Erste Seite des Manuskripts von «Jane Eyre»

Reaktion der Leser gelten kann: «Das Buch interessierte mich so sehr, daß ich es sofort las, obwohl mein Drucker auf Manuskripte von mir wartete. Wer der Verfasser dieses Werkes ist, vermag ich nicht zu erraten. Handelt es sich um eine Dame, dann ist sie der Sprache mächtiger als die meisten ihrer Geschlechtsgenossinnen; oder sie hat eine klassische Erzie-

Die vornehme Lady Ingram besucht Mr. Rochester.
Holzschnitt von Fritz Eichenberg zu «Jane Eyre»

hung genossen. Ein schönes, aufrichtiges Buch, das auch stilistisch hervorragend ist... Bei einigen der Liebesszenen mußte ich weinen... Ich weiß nicht, warum ich Ihnen dies schreibe, aber das Buch hat mich ganz außerordentlich bewegt und mir gefallen. Es ist tatsächlich die Sprache einer Frau, nur – wer ist sie? Bestellen Sie dem Verfasser meine Hochachtung und meinen Dank. Es ist der erste englische Roman seit langer Zeit, den ich mit Vergnügen gelesen habe.»[122]

In der Tat hatte Charlotte mit ihrer für den heutigen Geschmack sehr melodramatischen Geschichte um ein Waisenkind einen Nerv ihrer Zeit getroffen. Das Lesepublikum mußte dieser individuellen, dem bisherigen Frauenbild der romantischen Literatur widerstrebenden Jane Eyre Sympathie entgegenbringen. Mit dieser Figur hatte Charlotte ein Frauenbild geschaffen, das für die Zukunft Programm sein konnte.

Der Roman ist eine Ich-Erzählung. Die früh verwaiste Jane Eyre wächst im Haus ihrer Tante Mrs. Reed auf, die das Kind schlecht behandelt und unterdrückt. Jane wehrt sich dagegen und Mrs. Reed schiebt sie in die Waisenschule Lowood ab. Lowood ist ein mit Akribie gezeichnetes, getreues Abbild der Schule von Cowan Bridge, die Charlotte einst das Fürchten gelehrt hatte.

Mit achtzehn Jahren tritt Jane eine Stelle als Haushälterin auf Thornfield Hall an, wo sie die uneheliche Tochter des impulsiven, zornigen Edward Rochester zu betreuen hat. Nach einiger Zeit fühlt sie sich zu dem Mann hingezogen, verbirgt ihm aber ihre Zuneigung, weil sie sich nicht

Mr. Rochester (Orson Welles) und Jane Eyre (Joan Fontaine)
bei einem Kranken. Aus dem Film «Die Waise von Lowood», 1944.
Drehbuch: Aldous Huxley, Robert Stevenson und John Houseman

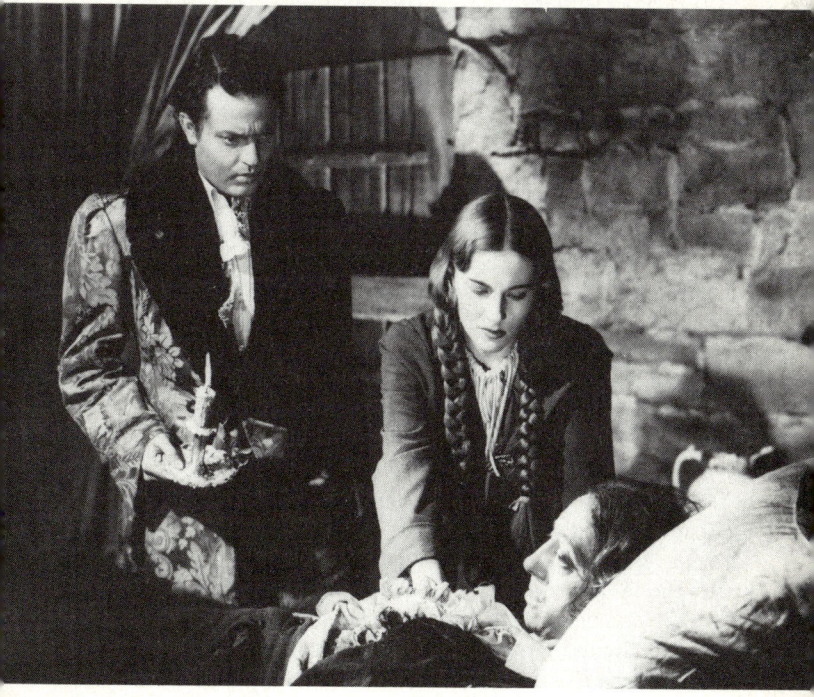

vorstellen kann, daß er sich für sie interessieren könnte. Doch Rochester liebt sie auch und hält um ihre Hand an. Die Vorbereitungen für die Hochzeit werden getroffen. Unmittelbar vor der Vermählung kommt es zu einer grauenvollen Entdeckung: Rochester ist verheiratet, seine Frau ist geistesgestört und in einem abgeschlossenen Winkel des Hauses eingesperrt. Verzweifelt entflieht Jane aus Thornfield Hall und findet Unterschlupf in einem bescheidenen Heidehaus bei den Geschwistern Rivers, die, wie sich später herausstellt, mit ihr verwandt sind. Sie kommt sogar zu beträchtlichem Wohlstand: Rechtzeitig stirbt ein reicher Onkel im Ausland und macht sie zur begüterten, unabhängigen Frau. Rochester scheint vergessen zu sein. Jane will nun ihren Vetter John Rivers heiraten, der die Absicht hat, als Missionar nach Indien zu gehen. Eines Abends hat Jane eine Vision; sie meint, Rochester habe nach ihr gerufen. Sie kann nicht mehr bei den Geschwistern Rivers bleiben und begibt sich nach Thornfield Hall. Dort ist ein Unglück geschehen. Das Haus ist niedergebrannt; die Irre hat es angesteckt. Rochester lebt, ist aber schwer verwundet und hat das Augenlicht verloren. Der Heirat steht jetzt nichts mehr im Wege; Jane wird Rochesters Frau und pflegt ihn behutsam gesund.

Daß das Buch beim Publikum ankam, hat mehrere Gründe. Einmal fand es sicherlich seiner melodramatischen Qualitäten wegen Anklang; es stand ganz in der Tradition des Schauerromans. Doch solche Bücher gab es viele. Charlotte Brontë hatte außer der handwerklich geschickt konstruierten, doch traditionellen Fabel mehr geschaffen, was die Leser beeindruckte, nämlich den Charakter der Hauptfigur: Jane Eyre war keine Frau, die alles erduldet, wie es die überkommene Frauenrolle des Viktorianischen Zeitalters verlangte. Schon als Kind rebelliert sie, und sie weiß sich zugleich anzupassen, versteht sich zu arrangieren und pragmatisch durchs Leben zu schlagen. Mit Jane Eyre führt Charlotte ihrem Lesepublikum vor, daß und wie sich eine junge Frau in dieser Gesellschaft trotz widrigster Umstände und Schicksalsschläge behaupten kann. In diesem Buch trägt die Frau den Sieg davon; sie ist stark, die Männer sind das schwache Geschlecht. Diese Botschaft des Romans wirkte sensationell. Konnte eine Frau aus Fleisch und Blut überhaupt – so fragten sich viele Leser und Kritiker – solche Kraft entwickeln, solche selbstbewußten, rebellischen Ideen haben – oder war es ein Mann, der sich in eine Frauenrolle geschlichen hatte?

Emilys Roman *Wuthering Heights* fand keinen Anklang. Dieses Buch konfrontierte den Leser mit einer fremden, rätselhaften Welt, zeigte die Abgründe der menschlichen Empfindungen in einem beinahe schockierenden Realismus, der abseits der Melodramatik der Gothic Novel, des Schauerromans, lag und damit höchstens die Atmosphäre gemeinsam

Wuthering Heights. Holzschnitt von Fritz Eichenberg

hatte. Die Leser wußten mit der dämonischen Leidenschaft, die in diesem Buch die Protagonisten treibt und gegeneinander hetzt, wenig anzufangen. Man reagierte empört auf das Buch, weil es die konventionellen Moralbegriffe der Gesellschaft – die Charlotte in ihrem Roman stets berücksichtigte – außer Kraft setzt, und auch der Kunstgriff der Rahmenerzählung, der den christlichen Moralbegriff wieder einschleust, konnte am Gesamteindruck nichts ändern.

Der Mieter von Thrushcross Grange, Mr. Lockwood, läßt sich von der alten Haushälterin die Geschichte des Findelkinds Heathcliff erzählen, das von rätselhaften Ereignissen umgeben ist. Der Besitzer des einsamen, in der Moorlandschaft Yorkshire gelegenen Hofs Wuthering Heights zieht Heathcliff zusammen mit seinen Kindern Cathy und Hindley auf. Zwischen Cathy und Heathcliff entwickelt sich im Laufe der Jahre eine sehr vertraute, liebevolle Beziehung. Hindley dagegen haßt Heathcliff und stellt ihm nach, wo immer er nur kann. Als der junge Edgar Linton, ein heiterer, kultivierter Mensch, in Cathys Leben tritt, wird ihre Beziehung zu Heathcliff kühler. Unglücklicherweise bekommt Heathcliff ein Gespräch mit, in dem Cathy sich sehr abfällig über seine geringe Bildung

Heathcliff (Laurence Olivier) und Cathy (Merle Oberon). Aus
William Wylers Verfilmung von «Wuthering Heights», 1939

und sein unbeherrschtes Wesen äußert. Daraufhin verläßt er den Hof und
kehrt erst Jahre später – inzwischen hat er es zu beträchtlichem Reichtum
gebracht – wieder zurück. Cathy ist inzwischen Lintons Frau. Heathcliff
sinnt auf Rache. Er verleitet Hindley zum Glücksspiel – und treibt ihn in
den Alkoholismus. Schließlich heiratet er aus Rachsucht Lintons junge
Schwester Isabella und behandelt sie derart gemein, daß sie flieht. Cathy
stirbt, weil sie Heathcliffs psychischen Terror nicht mehr ertragen kann.
Doch Heathcliff ist mit dem Unheil, das er angerichtet hat, noch nicht
zufrieden. Mit Hilfe von Intrigen versucht er, den Sohn, der aus Cathys
und Edgar Lintons Ehe hervorgegangen ist, mit seiner eigenen Tochter zu

verheiraten und die beiden gegeneinander aufzuhetzen. Am Ende seiner gigantischen Vernichtungsschlacht stirbt Heathcliff unter mysteriösen Umständen.

Schon diese kurze Inhaltsangabe zeigt, daß Emily Brontë eine ganz andere Thematik gewählt hat als Charlotte. Sie entwirft eine düster-groteske Alptraumlandschaft und erzählt von der Dämonie des Bösen, das von einem Menschen Besitz ergreift, das in ihn fährt, ohne sein Zutun, und alle anderen mit in den Strudel des Verderbens reißt. Emily Brontë schuf eine psychologisch raffiniert aufgebaute und emotional düstere Handlung, in der die moralischen Regeln für das Denken und Tun der Menschen außer Kraft gesetzt sind. Die Versuche, literarische Quellen – die Schauerromantik, Shelley, Byron beispielsweise – für dieses Buch zu finden, sind fragwürdig. Es blieb Emilys einziger Roman, den sie naiv aus ihrer fast vollkommenen Isolation heraus zu Papier brachte. Sie beschreibt Bilder, baut die Handlung mit Dialogen auf, wohingegen Charlotte in ihre Figuren hineinhorcht, deren Psyche bis in den letzten Winkel ausleuchten will. *Wuthering Heights* zeigt das dramatische Geschehen von außen, zieht den Leser mit beinahe magischer Kraft in die Geschichte hinein. Moralisch wird dabei nichts zurückgenommen, relativiert; Haß und Leidenschaft und die letzten Konsequenzen daraus bleiben stehen: als bedrohliches, packendes Bild. Insofern ist Emilys Buch der bedeutendste Roman der Brontës, freilich ein Werk, das zu seiner Zeit nicht zu verstehen war. Mit dieser Mischung aus Naturalismus und Mystizismus konnten die damaligen Leser wenig anfangen. Die Handlung von Emilys Roman spielt sich fast gänzlich außerhalb der geltenden Konventionen, Gefühle und Gedanken ihrer Gesellschaft ab. Nur ihre in der Einsamkeit gewonnene Einsicht in die möglichen Gefühle und Handlungsweisen des Menschen haben sie zu diesem Werk getrieben.

Annes Roman *Agnes Grey* ist eigentlich eine sehr einfache, sehr farblose Geschichte; sicherlich wäre die Verfasserin heute vergessen, wenn nicht der Ruhm ihrer beiden Schwestern auf sie abgefärbt hätte. Anne verarbeitete in diesem Roman autobiographisches Material, beschrieb ihre eigenen Versuche, als Erzieherin einmal hier, einmal dort unterzukommen und so ihren Lebensunterhalt zu bestreiten. Das mißlingt ihrer Romanheldin immer wieder, denn sie kann sich nicht mit anderen Menschen arrangieren. Das glückliche Ende ist in der Gestalt des edlen Vikars Weston vorprogrammiert, der freilich erst nach einer Reihe von Hindernissen zu ihr finden darf. Anne läßt den Leser weder in den Abgrund der menschlichen Natur blicken, wie Emily es tat, noch beschreibt sie die Selbstverwirklichung der Frau in einer feindlichen Umwelt, wie es Charlotte in *Jane Eyre* gelungen war. Außer einer gefällig geschriebenen Geschichte, wie sie Annes Zeitgenossen vergnügt zu lesen und rasch zu ver-

William M. Thackeray

gessen pflegten, und stellenweise interessantem dokumentarischem Material – wo Anne über ihre Erfahrungen als Gouvernante schrieb, wurde sie sehr präzise – bietet das Buch wenig an Substanz. Man hat den Eindruck, daß Anne nicht zurückstehen wollte und versuchte, im Wettbewerb der schriftstellernden Schwestern mitzuhalten.

Dennoch: Alle drei Schwestern hatten es geschafft, ihre Bücher waren publiziert, wenn auch mit sehr unterschiedlicher Resonanz beim Publikum. Plötzlich im literarischen Leben bekannt zu sein, wirkte sich auf die drei Schwestern sehr verschieden aus. Emily und Anne lebten zurückgezogen wie immer; nur Charlotte stürzte sich mit Vehemenz auf die Literatur. Sie hatte auch allen Grund dazu, denn *Jane Eyre* wurde von der Kritik heftig diskutiert. Eine Besprechung um die andere – die meisten freundlich, wenn nicht gar begeistert – erreichte zusammen mit persönlichen Schreiben der Rezensenten das Pfarrhaus; und Currer Bell beantwortete fleißig alle Briefe. Da Thackeray das Buch so gelobt hatte, widmete Charlotte ihm die zweite Auflage ihres Romans. Das allerdings führte zu einem peinlichen Mißverständnis. Was Charlotte nicht wußte: Thackerays Frau war geistesgestört und die literarischen Zirkel in London sahen eine erstaunliche Parallele zwischen der Handlung des Romans und

Thackerays Privatleben. Charlotte kam bald das Gerücht zu Ohren, man halte den Autor Currer Bell in Wirklichkeit für die Geliebte des Dichters. Thackeray war ihr aber nicht gram, sondern bedankte sich nobel für die Widmung: «Das schönste Kompliment, das ich in meinem Leben je bekommen habe.»[123]

Je mehr Erfolg *Jane Eyre* hatte, desto fieberhafter rätselte die literarische Öffentlichkeit, wer sich wohl hinter den drei Bells verbergen mochte. Viele vermuteten einen einzigen Verfasser hinter den drei Namen. Emilys und Annes Verleger Newby unterstützte dieses Gerücht geschäftstüchtig, ohne auf seine Autorinnen Rücksicht zu nehmen.

Im Frühjahr 1848 vollendete Anne ihr zweites Buch, *The Tenant of Wildfell Hall* (*Der Pächter von Wildfell Hall*). *The Tenant* ist ein mutiges Buch, das die Doppelmoral der Zeit heftig ins Visier nimmt. Die Heldin der Geschichte, Helen Huntingdon, verläßt mit ihrem fünfjährigen Kind den Ehemann, einen Trinker und Hasardeur, der sie peinigt, und versucht, sich den Lebensunterhalt als Malerin selbst zu verdienen. Dies: die Trennung vom Gatten in einer Zeit, in der jede verheiratete Frau Besitz ihres Mannes und eine Ehescheidung unbekannt war, und die Tatsache,

George M. Smith,
Charlottes Verleger

daß Helen Huntingdon mit eigener Arbeit Geld verdienen will, mußte den Zeitgenossen als ungeheuer revolutionär vorkommen.

Das Werk erschien im Juni desselben Jahres. Newby bot es einem amerikanischen Verlag an und deutete dabei an, der Autor sei mit den Verfassern der vorherigen Bell-Romane identisch. Doch da Charlottes Verleger dem amerikanischen Verlag versprochen hatte, ihm das zweite Buch von Currer Bell anzubieten (was Newby nicht wußte), kam dieser Betrug rasch auf. Smith schrieb Currer Bell einen empörten Brief, in dem er an die Abmachung erinnerte und um Aufklärung bat. Als Charlotte den Brief las, stand ihr Entschluß fest: Sie mußte persönlich nach London, um zu beweisen, daß die drei Bells tatsächlich nicht ein und dieselbe Person waren. *Am besagten Tag bekam ich den Brief von Smith und Elder. Anne und ich packten einen kleinen Koffer, schickten ihn nach Keighley, brachen nach dem Tee auf und marschierten trotz eines heftigen Schneesturms zum Bahnhof. Wir fuhren zuerst nach Leeds und dann mit dem Nachtzug nach London – und das alles, um Smith und Elder zu beweisen, daß wir verschiedene Personen sind, und Newby seine Lüge vor Augen zu halten. Gegen acht Uhr morgens erreichten wir das Chapter Coffee House, unsere Unterkunft. Wir wuschen uns, nahmen das Frühstück ein, setzten uns für ein paar Minuten und machten uns schließlich in eigenartiger innerer Anspannung auf den Weg zur Cornhill 65. Weder Mr. Smith noch Mr. Williams hatte eine Ahnung, daß wir kamen, und sie hatten uns niemals vorher gesehen. Sie wußten nicht, ob wir Männer waren oder Frauen, doch sie hatten uns in ihren Briefen immer als Männer angesprochen.*[124]

Emily hatte sich geweigert, ihre Schwestern nach London zu begleiten. Auch Anne hatte gezögert; Charlottes Hinweis aber, daß Newby ihren Namen benütze, um sie alle in Mißkredit zu bringen, hatte Anne schließlich umgestimmt.

Die Nummer 65 war eine große Buchhandlung in einer Straße, in der reges Leben herrschte... Wir gingen hinein und steuerten den Ladentisch an. Es standen sehr viele junge Herren und Damen im Laden herum. Zum erstbesten sagte ich: «Ich würde gerne Mr. Smith sprechen.» Er zögerte und schaute etwas erstaunt drein. Wir setzten uns hin, warteten eine Weile und schauten uns dabei die Bücher auf dem Ladentisch an – Veröffentlichungen von Smith, Elder & Co., die uns wohlbekannt waren, weil wir viele davon als Geschenke übersandt bekommen hatten. Zuletzt wurden wir zu Mr. Smith hinaufgeführt... Wir gingen hart mit Mr. Newby ins Gericht – ich fürchte, mit ungebührlicher Heftigkeit.[125] Anne sagte so gut wie nichts. Das Reden überließ sie Charlotte. Smith war von seiner Erfolgsautorin überrascht. «Ich muß zugeben», notierte er über den überraschenden Besuch, «mein erster Eindruck von Charlotte Brontës Erscheinung war der, daß ich eine interessante Frau vor mir hatte, allerdings wenig anziehend.

Sie war sehr klein und schaute wunderlich, altmodisch aus. Der Kopf schien für den Körper zu mächtig; ihr Gesicht wurde durch die Form des Mundes und durch die Haut verunstaltet. Charlotte strahlte wenig weiblichen Charme aus. Sie war sich dessen auch ständig bewußt, und es schien ihr Unbehagen zu bereiten. Es mag eigenartig erscheinen, daß ihr Genie sie nicht über ihr unscheinbares Äußeres erhaben machte. Aber ich glaube, sie hätte ihr ganzes Genie und auch ihren Erfolg gern gegen Schönheit eingetauscht.»[126]

Alles in allem war der Besuch in London ein Erfolg für die Schwestern. Mr. Smith sah jetzt, da die Bells einen solchen Ruhm erlangt hatten, eine Chance, auch ihr altes Gedichtbändchen zu verlegen; er kaufte die noch nicht aufgebundenen Bogen und brachte das Werk in seinem Programm unter. Charlotte hatte diesem Vorschlag Smiths mit Freude zugestimmt, dabei jedoch vergessen, daß damit auch Emilys Pseudonym preisgegeben war. Und Emily wollte auf keinen Fall, daß ihr Name in der Öffentlichkeit bekannt wurde. Daher schrieb Charlotte ihrem Verleger eilig einen Brief und versuchte, die Indiskretion wiedergutzumachen. *Wenn Sie mir schreiben, erwähnen Sie bitte in der Anrede meine Schwestern nicht... Ellis Bell erträgt es nicht, mit einem anderen Namen als ihrem Pseudonym angesprochen zu werden. Ich habe einen großen Fehler begangen, indem ich Ihnen ihre Identität preisgab. Es war fahrlässig von mir – die Worte «wir sind drei Schwestern» entschlüpften mir, ehe ich dessen gewahr war. Ich bedauerte das Geständnis in dem Augenblick, in dem ich es ablegte. Und jetzt bereue ich es bitterlich, weil es sich vollkommen gegen die Wünsche Ellis Bells richtet.*[127] Zwar hielt auch Charlotte nach wie vor an ihrem Pseudonym fest; doch ihr war es letztlich nicht so wichtig wie Emily, ihre Identität geheimzuhalten. Die Pseudonyme blieben dem Lesepublikum gegenüber bis zum Tod aller drei Schwestern aufrechterhalten.

Jahr des Todes

Man vergißt sehr leicht die Jahre der Entbehrung und Sorgen, wenn sich das Leben plötzlich von seiner schönen Seite zeigt. Der Sommer des Jahres 1848 schien ein solcher Augenblick im Leben der Schwestern Brontë zu sein. Sie waren nun erfolgreiche Schriftstellerinnen. Ihre Bücher wurden gedruckt, verkauft und von der literarischen Öffentlichkeit begeistert aufgenommen. Materiell gesehen konnten sie einer angenehmen, sicheren Zukunft entgegensehen. Sie würden sich künftig nicht mehr als Gouvernanten oder Hauslehrerinnen bei fremden Leuten verdingen müssen, um ihren Lebensunterhalt zu verdienen. Sie hatten es geschafft, als Frauen eine Arbeit zu finden, die ihnen Anerkennung und Geld einbrachte. Und sie waren alle drei jung; ihre Bücher schienen erst ein Beginn zu sein. Sie würden noch vieles schreiben.

Ihre private Situation hatte sich freilich nicht sehr verändert. Sie lebten nach wie vor isoliert in Haworth, waren unter sich wie in ihrer Kindheit, ohne Zwänge. Das hatten sie sich ersehnt. Charlotte war die einzige, die dieses Leben nicht hundertprozentig befriedigte; ganz hatte sie die Hoffnung, einen Mann zu finden und Kinder zu haben, noch nicht aufgegeben. Ihr Erfolg als Schriftstellerin ermöglichte es ihr immerhin, auch in der Abgeschiedenheit Haworths einige Kontakte zu knüpfen und aufrechtzuerhalten; sie korrespondierte mit Kritikern, Literaten, Freunden und interessierten Lesern, und sie unternahm auch hin und wieder kürzere Reisen, beispielsweise nach London zu ihrem Verleger. Das Leben hätte wunderschön sein können, wenn die Familie nicht unter Branwells zunehmendem seelischen und körperlichen Verfall gelitten hätte.

An Branwells Zustand hat sich nichts geändert. Seine körperliche Verfassung ist sehr schlecht. Vor allem die Nächte sind nervenaufreibend ... Tagsüber schläft er meistens, und nachts liegt er dann natürlich wach, und Papa und wir müssen uns um ihn kümmern. Aber hat nicht jedes Haus seine Prüfung?[128] Branwell war nun endgültig Alkohol und Drogen verfallen. Die Familie versuchte, ihm zu helfen und zu verhindern, daß er in Schwierigkeiten geriet. Patrick Brontë und Charlotte kamen regelmäßig für die Zechschulden Branwells auf, um ihm wenigstens die Schande des Gefängnisses zu ersparen. Das Schreiben und Malen hatte er gänzlich aufgegeben; dazu war er nicht mehr in der Lage. Seine Sucht war zu weit fortgeschritten.

Die Schwestern hatten Branwell über alle Maßen geliebt, ja geradezu vergöttert, besonders Charlotte. Doch im Laufe der Zeit hatte sich selbst Charlottes Liebe in Ablehnung, ja beinahe Ekel verwandelt. Aber das ließ sie ihn nicht spüren. Sie behandelte ihn behutsam, wie einen Kranken, der er ja auch war. *Mein unglücklicher Bruder hat nie erfahren, was seine Schwestern geschrieben haben und welchen Erfolg sie damit hatten. Er hat keine Ahnung davon, daß sie jemals auch nur eine Zeile veröffentlichten. Wir konnten ihm nichts von unseren Erfolgen erzählen, weil wir befürchteten, ihm damit einen zu harten Schlag zu versetzen, da er seine eigene Zeit vergeudet und seine Begabung verschwendet hatte.*[129]

Das Ende kam rasch. *Branwells Benehmen, seine Sprache, seine Ansichten, alles hatte sich ganz eigenartig verändert und wirkte aufs äußerste befremdlich.*[130] Am Freitag, dem 22. September, hielt sich Branwell wie üblich noch in der Stadt auf. Am Samstag fühlte er sich nicht wohl und blieb im Bett. *Das Ende kam nach einem zwanzigminütigen Todeskampf am Sonntagmorgen, dem 24. September ... Und nun ruht er in Gottes Hand; und der Allmächtige ist ein durch und durch gnädiger Gott. Die tiefe Überzeugung, daß er zuletzt seine Ruhe gefunden hat, eine wohlverdiente Ruhe nach diesem kurzen, irrenden, leidenden und fieberhaften Leben, beseelt und besänftigt mich.*[131]

Die Beerdigung zwei Tage später war ein stummer Leidensgang für die Familie, welcher der Tod an sich wohlvertraut war. *Der letzte Abschied – der Anblick seines bleichen Leichnams – verursachte uns einen heftigen und bitteren Schmerz, größer und brennender, als ich es mir vorgestellt hatte. Erst beim Tod eines nahen Verwandten weiß man, wieviel man ihm zu vergeben bereit ist ... All seine Fehler und Laster bedeuten jetzt nichts mehr; wir denken nur noch an seine Leiden.*[132] Branwells Tod traf Charlotte auch physisch. In ihren Briefen gab sie sich zwar ergriffen, doch verhältnismäßig kühl: Den Tod, den Gott den Menschen schickt, muß man gelassen tragen. Doch in ihrem Innern sah es anders aus; sie reagierte mit Krankheit. *Zuerst kamen Kopfschmerzen und Unwohlsein. Ich verlor den Appetit. Dann begannen mich Leibschmerzen zu plagen. Ich verlor viel an Gewicht. Es war mir unmöglich, auch nur einen Bissen hinunterzubringen ... Eine schreckliche Woche lang war ich ans Bett gefesselt; doch nun scheint meine Gesundheit Gott sei Dank wieder zurückzukehren.*[133]

Letzten Endes betrachteten Charlotte und wohl auch ihre Schwestern Branwells Tod eher nüchtern und realistisch, denn bloßen Gefühlen hatte man sich im Haworther Pfarrhaus noch nie vorbehaltlos hingegeben. *Das Hinscheiden unseres einzigen Bruders müssen wir zwangsläufig mehr als*

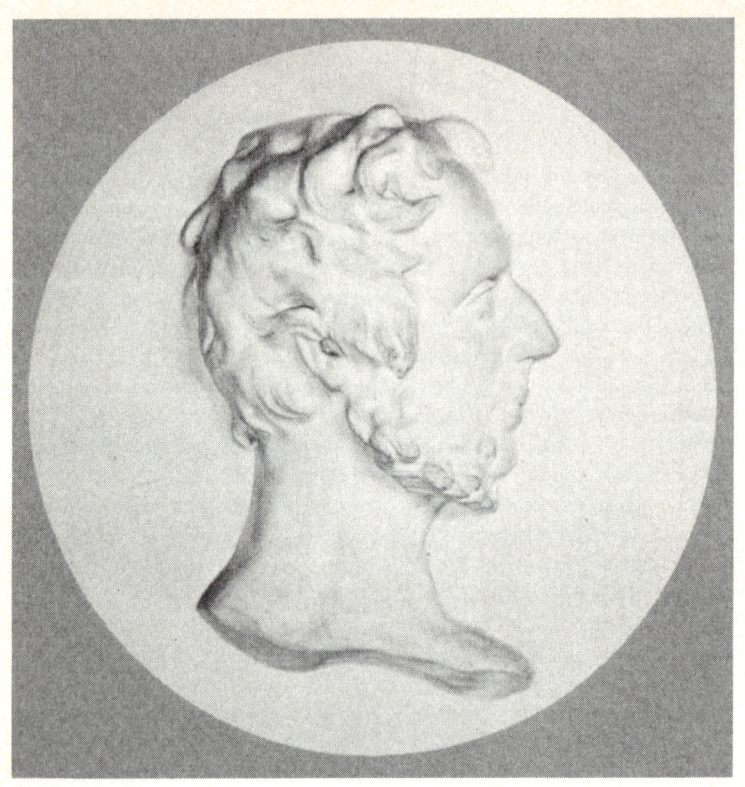

Branwell Brontë. Medaillon von Joseph Bentley Leyland

Gnade denn als Strafe betrachten. Als Branwell noch ein Knabe war, war er der Stolz und die Hoffnung seines Vaters und seiner Schwestern. Seit seinem Mannesalter hat sich vieles verändert. Es war unser Schicksal, ihn einen falschen Weg gehen zu sehen und zu hoffen, daß er auf den rechten Pfad zurückkehren möge, dann zu erkennen, daß seine Krankheit alle Hoffnung zunichte machte, und zuletzt zu verzweifeln – und nun das plötzliche, frühzeitige und dunkle Ende eines möglicherweise großartigen, erfüllten Lebens. Ich weine nicht aus Trauer – uns ist keine Stütze abhanden gekommen, kein Trost entzogen worden, kein teurer Gefährte verlorengegangen –, ich weine um den Verlust eines derartigen Talents, um die Zerstörung solcher Aussichten und darum, daß so frühzeitig ausgelöscht worden ist, was ein strahlendes Licht hätte sein können. Mein Bruder war ein Jahr lang mein Schüler. Ich empfand sehr viel für ihn, doch das ist lange her – all mein Ehrgeiz, meine Pläne und meine Hoffnungen für ihn haben sich verflüchtigt. Nichts bleibt übrig als die Erinnerung an Irrtümer und Qualen.[134]

Emily erkältete sich auf der Beerdigung, was zunächst nicht besorgniserregend war, denn in dem rauhen Klima von Haworth litt man ständig an Husten und Grippe. *Emily und Anne geht es recht gut,* notierte Charlotte, *obwohl Anne immer etwas zerbrechlich wirkt und Emily im Augenblick einen Husten und eine Erkältung hat.*[135] Doch innerhalb der nächsten drei Wochen verschlechterte sich Emilys Zustand rapide. Sie war eine schwierige Patientin, sich selbst gegenüber eisern; nie drang ein Wort der Klage über ihre Lippen. Sie ignorierte ihren Zustand beharrlich. Der Familie blieb nichts anderes übrig, als sie zu beobachten und um sie zu fürchten. *Emilys Erkältung und ihr Husten sind sehr hartnäckig. Ich fürchte, sie hat Schmerzen in der Brust, und manchmal fällt mir auf, daß sie unter Kurzatmigkeit leidet, wenn sie sich viel bewegt hat. Sie ist sehr, sehr dünn und blaß. Ihre zurückhaltende Art verunsichert mich sehr. Es ist sinnlos, sie zu fragen, wie es ihr geht. Man erhält keine Antwort von ihr. Und es ist noch sinnloser, ihr Hilfe anzubieten. Sie hört nie auf die Ratschläge anderer.*[136] Es entging der Familie nicht, daß Emily sich von Tag zu Tag elender fühlte. Doch niemand sprach mit ihr darüber. Man tat, als sei alles in Ordnung. *Emily ist eine richtige Stoikerin, wenn sie krank ist: Sie will kein Mitgefühl. Wenn man ihr Fragen stellt oder Hilfe anbietet, so empfindet sie das als Belästigung. Vor Schmerz und Krankheit weicht sie keinen Schritt... Nicht auf eine ihrer tausend Beschäftigungen verzichtet sie freiwillig. Man muß es ertragen und schweigend mit ansehen, wie sie Arbeiten erledigt, die sie gar nicht mehr schaffen kann, und darf kein Sterbenswort verlieren – ein schmerzlicher Zwang für diejenigen, denen ihre Gesundheit und ihr Wohlergehen so kostbar sind wie das eigene Leben. Wenn sie krank ist, gibt es für mich in dieser Welt keinen Sonnenstrahl. Meine Bindung an meine Schwester ist sehr, sehr stark, und ich glaube, daß sie mir durch die Strenge und Herbheit ihres kraftvollen und eigenartigen Charakters nur noch nähersteht.*[137]

Charlotte wurde immer klarer, daß ihre Schwester nicht nur unter einem hartnäckigen Husten oder einer Erkältung litt, wie sie sie schon häufig gehabt hatte; zu offenkundig war Emilys körperlicher Verfall. Niemand konnte übersehen, daß sie sich allmählich nicht mehr auf den Beinen halten konnte, auch wenn sie sich immer noch durchs Haus schleppte und mit den Hausarbeiten quälte. Charlotte beobachtete sie genau: *Der tiefe, kurze Husten hört nicht auf. Nach der geringsten Anstrengung keucht sie wie rasend, und diese Symptome werden von Schmerzen in der Brust und in der Seite begleitet. Nur ein einziges Mal durfte ich ihren Puls zählen: 115 Schläge in der Minute. Und trotz ihres schlimmen Zustands weigert sie*

Das Pfarrhaus von Haworth als Museum heute

sich beharrlich, einen Arzt zu holen, und verliert auch kein Wort darüber, wie es ihr geht. Sie erlaubt es uns kaum, auch nur auf ihre Krankheit anzuspielen...[138]

Für die Familie war das eine Qual. Sie mußte miterleben, wie ein Mensch langsam zugrunde ging, ohne ihm helfen zu können, helfen zu dürfen. Emilys Verhalten schien selbstmörderische Züge zu tragen und war sicherlich auch brutal gegenüber den anderen. Branwells Tod war plötzlich über die Brontës hereingebrochen; doch Emilys schleichende Krankheit ließ der Familie Zeit, sich mit dem Gedanken an ihr bevorstehendes Ende vertraut zu machen. Charlotte machte sich nichts vor: *Mehr als einmal habe ich ernsthaft an die Möglichkeit, ja Wahrscheinlichkeit ihres Verlusts gedacht.*[139]

Ein Freund der Familie schrieb, man solle es mit homöopathischen Mitteln versuchen. Vergeblich – Emily reagierte nicht darauf, war nicht einmal bereit, diesen Vorschlag mit ihrer Familie zu besprechen. Sie war von der Vorstellung besessen, stark sein zu müssen. Die Entsagung und Selbstdisziplin, die sie sich während ihres einsamen Lebens in der Enge des Haworther Pfarrhauses auferlegt hatte, steigerte sich zu einer Art Wahn. Sicherlich spielte auch ihre religiöse Überzeugung eine Rolle bei ihrem Kampf gegen die Krankheit. Sie glaubte, den Schwächen ihres Körpers nicht nachgeben zu dürfen. Aber sie wollte auch nicht sterben, denn sie hatte ja ihre Aufgabe im Haushalt des Pfarrhauses zu erfüllen. Die Selbstbeherrschung, die sie dabei aufbrachte, die Verbissenheit, mit der sie ihren geschwächten, zerstörten Körper aufrecht hielt – das alles grenzte an ein Wunder. *Während sie körperlich immer mehr verfiel, gewann sie eine Willensstärke, wie wir sie an ihr nie zuvor beobachtet hatten... So etwas hatte ich noch nie erlebt... Stärker als ein Mann, schwächer als ein Kind – nur ihr Wesen, ihr Geist stand vor uns.* [140]

Anne litt ebenso unter Emilys Siechtum, denn sie hatte ihr von Kindheit an noch nähergestanden als Charlotte. Doch sie nahm das grauenvolle Geschehen gottergeben hin, beklagte es nicht, versuchte auch

Der Eingangsflur

Das Wohnzimmer

kaum, auf Emily einzuwirken, wie Charlotte es dann und wann probierte. Annes Religiosität erleichterte es ihr, Emily den schweren Weg gehen zu lassen. Der Tod bedeutete für Anne nichts; sie nahm Schmerzen und Leiden ebenso stoisch hin wie ihre Schwester. Charlotte war psychisch und physisch anders beschaffen, mehr dem Leben zugewandt. Sie war es gewohnt, um Menschen, die sie liebte, zu kämpfen. Sie hatte um Constantin Héger gekämpft – ein verbissener, aussichtsloser Kampf –, und sie wollte auch Emily nicht aufgeben. Der Tod sollte ihr die geliebte Gefährtin nicht entreißen.

Emily wich keinen Schritt von ihrer gewohnten Lebensweise ab. Es ging alles langsamer, beschwerlicher: unsagbar beschwerlich. Die Nächte waren fürchterlich, ein endloser Kampf bis in den Morgen hinein, Husten und Schmerzen, Atembeklemmung. Dennoch, morgens um sieben stand sie auf, fütterte ihre Tiere, besorgte die Arbeit im Haus. Hilfe duldete sie keine, nicht einmal, wenn sie schwankenden Schritts die Treppe hinaufkeuchte; niemand durfte sie auch nur leicht stützen. Für Charlotte wurde dieser tägliche Anblick zur Tortur. Sie schrieb heimlich, ohne Emilys Wissen, an einen Londoner Arzt und bat ihn um Rat. Der Arzt schickte eine Medizin; doch Emily dachte überhaupt nicht daran, das Medikament einzunehmen.

Am Morgen des 19. Dezember 1848 hatte sie nicht mehr die Kraft, sich anzuziehen. Dennoch verließ sie das Schlafzimmer und kam herunter. Hilfe lehnte sie auch jetzt ab. Charlotte wollte ihr eine kleine Freude bereiten, hastete aufs Moor hinaus und pflückte einen Strauß Heidekraut. Emily konnte nicht mehr erkennen, was Charlotte ihr mitgebracht hatte. Sie lag auf dem Sofa im Wohnzimmer, verlangte jetzt nach einem Arzt. *Es war schrecklich. Sie war bei vollem Bewußtsein, und keuchend und widerstrebend wurde sie aus einem glücklichen Leben gerissen.*[141] Ein langer, makaberer Todeskampf fand im kleinen Wohnzimmer des Pfarrhauses statt. Gegen zwei Uhr nachmittags war alles ausgestanden. Emily war tot. Dreißig Jahre und fünf Monate war sie alt geworden.

Auch Anne erholte sich nicht von einer Erkältung und erkrankte an Tuberkulose. *Anne und ich sitzen zusammen, wir sind ganz allein... Doch wir tun nichts. Anne kann jetzt nicht arbeiten, sie vermag kaum zu lesen. Sie sitzt in Emilys Stuhl. Es geht ihr nicht gut. Vor einer Woche haben wir einen erfahrenen und geschickten Arzt aus Leeds kommen lassen, der sie sich anschauen sollte. Er untersuchte sie mit dem Stethoskop. Über seinen Bericht will ich im Augenblick schweigen. Selbst berühmte Ärzte haben sich schon in ihrem Urteil getäuscht...*[142], schrieb Charlotte in einem Brief am 18. Januar 1849. Sie ahnte, wie es um Anne stand; aber sie wollte es sich nicht eingestehen. Der Schmerz um Emilys Tod beherrschte sie noch zu sehr.

Für Anne bedeutete der Tod nichts Schlimmes, eher eine Erlösung. Sie hatte im Grunde längst mit der Welt abgeschlossen. Irgendwann einmal hatte sie – ebenso wie Charlotte – den Wunsch gehabt, zu heiraten und Mutter zu werden. Der Traum hatte sich nicht verwirklicht, statt dessen mußte sie sich als Lehrerin und Gouvernante mit fremden, ungeliebten Kindern herumquälen. Drei Jahre in Thorp Green: Ohne großes Aufsehen, ohne Klagen, scheinbar gelassen hatte sie das alles hingenommen und hinter sich gebracht, in fürchterlicher Einsamkeit. Jetzt erwartete sie nichts mehr vom Leben. Im Gegensatz zu Charlotte hatte sie keine wirklich großen Pläne und Ambitionen mehr. Das Schreiben war für sie ohnehin nur ein Intermezzo gewesen. Das Leben und Lebenmüssen empfand sie als eine unabdingbare Pflicht der Familie gegenüber. «Sie war ein sanfter, stiller, zurückhaltender Mensch» – so Elizabeth Gaskell –, «keinesfalls hübsch, jedoch von angenehmer Erscheinungsart. Sie gab sich immer so, als ob sie Schutz und Ermutigung suchte. Und diese ständige und stumme Bitte erweckte Sympathie.»[143] Anne fiel nie auf, und sie wollte auch nicht auffallen. Sie paßte sich ihrer Umwelt rasch an und schien nur

William Turner:
«Scarborough».
Aquarell über
Bleistiftspuren, um 1825

sehr wenige Wünsche zu haben. Ebenso still und unbemerkt, wie sie gelebt hatte, ging sie nun auch ihrem Ende zu.

Einen Wunsch hatte sie aber doch noch: Sie wollte ans Meer, nach Scarborough. Dort, so erklärte sie ihrer Familie, hoffte sie Genesung zu finden. Es war ein ziemlich unrealistischer Wunsch, eigenartig für Anne, die
eigentlich selten nach etwas verlangt und sich auch nie bemüht hatte, ihren Willen durchzusetzen. Diesmal beharrte sie auf ihrer Absicht. Trotzdem war sie rücksichtsvoll. Ellen Nussey sollte sie begleiten, damit Charlotte beim Vater bleiben konnte. *Ich hoffe*, schrieb sie Ellen, *daß ich
Ihnen nicht zur Last fallen werde. Ihre Begleitung wäre die einer Gefährtin,*

nicht einer Krankenschwester. *Sonst würde ich es nicht wagen, Sie darum
zu bitten...*[144] Anne wollte unter allen Umständen so rasch wie möglich
reisen – das Drängen einer Todkranken, die nur noch diesen einen
Wunsch im Herzen trägt. *Die Ärzte sagen, daß Luftveränderung und Kli-
mawechsel in Fällen von Auszehrung selten den guten Zweck verfehlen,
wenn man rechtzeitig zu diesen Mitteln greift. Und wenn diese Maßnahmen
häufig nicht den erhofften Erfolg bringen, so liegt das einfach daran, daß
man sie so lange hinausschiebt, bis es zu spät ist. Ich möchte diesen Fehler
nicht begehen. Um die Wahrheit zu sagen, ich fühle mich entschieden
schwächer und bin auch sehr viel dünner, obwohl ich kaum noch Fieber*

habe und weniger unter Schmerzen leide als zu der Zeit, als Sie bei uns waren. Der Husten belastet mich noch ziemlich, besonders nachts, und – was das Schlimmste von allem ist – ich leide unter großer Kurzatmigkeit, wenn ich nur die Treppe hinaufgehe oder irgendeine kleine Tätigkeit aus- übe. Unter diesen Umständen, denke ich, ist keine Zeit zu verlieren.[145]

Anne empfand keine Angst vor dem Tod. Aber sie hatte das Gefühl, der Familie zuliebe noch weiter im Leben ausharren zu sollen. *Ich fürchte den Tod nicht. Wenn er unausweichlich ist, werde ich mich ihm ohne Unruhe in dem Gedanken überantworten, daß Sie, liebe Miss Nussey, zu Charlotte stehen und ihr statt meiner eine Schwester sein werden. Doch ich wünschte, Gott würde mir noch etwas Zeit lassen, nicht nur um Papas und Charlottes willen, sondern auch, weil ich gerne noch einiges Gute auf der Welt täte, bevor ich hinscheide... Ich trage noch viele Pläne mit mir herum, geringfü- gige, unbedeutende sicherlich, aber ich würde es bedauern, wenn nichts mehr daraus werden könnte, auch deshalb, weil ich dann fast umsonst ge- lebt hätte.*[146]

Die Ärzte rieten von der Reise ab; Anne schien ihnen zu entkräftet. Charlotte und Patrick Brontë zögerten. Am 24. Mai reisten Charlotte und Anne dann doch nach Leeds, wo sie sich mit Ellen treffen wollten. Anne konnte nicht mehr gehen. Man mußte sie zum Zug tragen. Doch von ihrem Reiseplan ließ sie nicht ab. Vielleicht stand hinter ihrer Beharrlich- keit der Wunsch, auf keinen Fall zu Hause zu sterben. Daß sie an ihre Gesundung glaubte, ist unwahrscheinlich, denn Anne besaß nicht eine Spur des unbändigen Lebenswillens ihrer Schwester Emily. Am 26. Mai, einem Samstag, fuhren Ellen Nussey und Charlotte mit Anne an den Strand von Scarborough. Eine Stunde blieben sie dort, und Anne starrte schweigend aufs Meer hinaus. Am Sonntag wollte Anne in die Kirche. Ellen Nussey beschrieb den Abend dieses Sonntags: Über dem Meer ging die Sonne unter. Das Schloß hoch über dem Hafen war von den Strahlen der sinkenden Sonne vergoldet. In der Ferne funkelten dunkel Schiffslei- ber im blinkenden Wellenteppich. Charlotte und Ellen schoben Anne im Stuhl ans Fenster. Der Goldschein von draußen legte sich auf ihr Antlitz. Anne bat die beiden, sie einen Augenblick allein zu lassen. Dann äußerte sie den Wunsch, wieder nach Hause zurückzukehren, denn sie wußte, daß der Tod nahe war; und es erschien ihr zu umständlich, in der Fremde zu sterben. Am nächsten Tag gegen zwei Uhr starb sie, ruhig und still. Sie war sogar noch in der Lage, Charlotte zu trösten, die sprachlos und trau- rig bei ihr saß. *Anne starb ohne heftigen Todeskampf, zurückgezogen, in Gottvertrauen und dankbar, daß sie von einem leidvollen Dasein erlöst wurde. Sie war zutiefst davon überzeugt, daß ein besseres Leben auf sie wartete. Sie glaubte daran, sie hoffte darauf, und sie sprach darüber, als sie die letzten Atemzüge tat. Ihr stiller, christlicher Tod zerriß mein Herz nicht so sehr wie Emilys langes, furchtbares Ende. Ich ließ Anne zu Gott gehen, und ich meinte, er habe ein Recht auf sie. Emily mochte ich nicht ziehen lassen. Ich wollte sie zurückhalten und wünschte mir auch jetzt, sie wäre noch am Leben. Anne schien von Kindheit an auf einen frühen Tod vorbereitet zu sein. Emilys Geist dagegen war stark genug, ein reiches und erfülltes Leben zu bewältigen.*[147]

Charlotte ließ ihre Schwester in Scarborough begraben. Sie wollte ihrem Vater das Elend einer neuen Beerdigung ersparen. *Warum das Leben so leer, kurz und streng ist, ich weiß es nicht... Ich habe Nachricht von Papa bekommen. Er und die Dienstboten wußten, daß sie Anne nie wiedersehen würden, als sie von ihr Abschied nahmen... Ich wußte es ebenso. Und ich wollte ihr die Möglichkeit geben, dort zu sterben, wo sie am glücklichsten war. Sie liebte Scarborough. Eine friedvolle Sonne vergoldete ihren Abend.*[148]

Charlotte

Kurz vor acht bin ich nach Hause gekommen. Alles war sauber und glänzte. Papa und den Dienstboten ging es gut. Und alle empfingen mich mit einer Liebe, die mich trösten sollte. Die Hunde verhielten sich ganz eigenartig, sie waren wie auf dem Sprung. Ich bin sicher, sie sahen in mir eine Art Vorboten: Die dummen Tiere meinten, weil ich zurückgekehrt bin, könnten jene, die so lange fort waren, auch nicht mehr weit sein. Ich ließ Papa bald allein, ging ins Eßzimmer und schloß die Tür hinter mir. Ich gab mir Mühe, froh zu sein, daß ich endlich wieder zu Hause war. Früher hatte mich die Heimkehr immer glücklich gemacht... doch jetzt war alles anders. Ich empfand die große Stille des Hauses. Alle Zimmer waren verlassen. Ich dachte daran, wo meine Geschwister sich hier im Haus aufzuhalten pflegten... Ein Gefühl großer Verlassenheit und Bitterkeit überkam mich. Eine schreckliche Qual, der ich mich nicht entziehen konnte, ergriff Besitz von mir... Wenn sich der Abend neigt und die Nacht kommt, beginnt die schwere Prüfung. Zu dieser Stunde pflegten wir uns einst im Eßzimmer zu versammeln und miteinander zu unterhalten. Jetzt sitze ich allein hier – und was bleibt mir anderes übrig, als zu schweigen. Ich kann nicht anders: Ich muß an ihre letzten Tage denken – wie sie litten, was sie sagten und taten und wie sie aussahen...[149]

Charlotte war wieder zu Hause. Die Erinnerung an Annes Beerdigung in Scarborough war ihr noch sehr schmerzhaft gegenwärtig. Während Annes Krankheit und nach ihrem Tod schrieb Charlotte an ihrem neuen Roman *Shirley* weiter, freilich ohne wirkliche Freude, beinahe verbissen. Das Leben erschien ihr sinnloser denn je, doch half ihr auch jetzt wieder das alte Pflichtgefühl, für andere dasein zu müssen. *Nur der Gedanke an meinen lieben Vater im Raum nebenan oder an die treuen Dienstboten in der Küche oder die Liebkosungen der armen Hunde machen mich ein wenig froher und holen mich wieder in die Gegenwart zurück.*[150]

Charlotte hatte es sich im Laufe der Jahre angewöhnt, sich in solchen Situationen einfach rücksichtslos in die Arbeit zu stürzen. Das tat sie auch jetzt. *Die Arbeit muß mir helfen, nicht das Mitgefühl. Arbeit ist die einzige radikale Kur gegen tiefverwurzelte Sorgen.*[151] Charlottes innere Stärke

Die Ludditen-Aufstände. Zeitgenössische Karikatur

war bewundernswert. *Immer noch habe ich etwas Kraft, die Schlacht des Lebens durchzustehen. Ich muß zugeben, daß man mir viel Beistand und Barmherzigkeit entgegenbringt – und so kann ich weitermachen. Doch ich hoffe und bete darum, daß niemand, den ich liebe, in eine ähnliche Situation geraten möge wie ich. Es ist eine Prüfung, in einem verlassenen Zimmer zu sitzen – die Uhr tickt laut durch das stille Haus – und vor sich das Buch der Erinnerungen ans vergangene Jahr mit all seinen furchtbaren Schicksalsschlägen zu haben, seinen Leiden, seinen Verlusten.*[152]

Shirley erschien Ende 1849. Charlotte hat in dem Roman ihr altes Thema von Unterwerfung und Beherrschung des Menschen, das Verhältnis zwischen Herrn und Abhängigem vor den Hintergrund der Ludditen-Aufstände kurz nach der Jahrhundertwende, den Exzessen des britischen Frühkapitalismus gesetzt. Robert Gérard Moore, ein Tuchfabrikant, will die Produktivität seiner Fabrik steigern. Seine Arbeiter aber wollen nicht widerspruchslos hinnehmen, daß er neue Maschinen installiert, die ihnen die Arbeit stehlen und damit ihre soziale Situation noch unerträglicher

123

Arthur Bell Nicholls

machen. Die Maschinen werden auf dem Transport zur Fabrik von den meuternden Arbeitern zerstört. Die Fabrik soll angezündet werden. Moore entkommt mit knapper Not dem Tode. In diese quasi dokumentarisch konstruierte Geschichte spinnt Charlotte die eigentliche, sehr private Handlung: Der Fabrikant liebt Caroline Helstone, doch er gibt – scheinbar gefühllos – der vermögenden Gutsbesitzerin Shirley den Vorzug. Der Grund: Moore braucht Geld, denn nicht nur die aufrührerischen Arbeiter bereiten ihm Sorgen. Ungünstige politisch-ökonomische Umstände, die Napoleonischen Kriege und die daraus resultierende Kontinentalsperre haben seine Firma an den Rand des Ruins gebracht. Nur Shirleys Geld kann Moore retten. Doch das ist nicht der einzige Grund, aus dem er um sie wirbt: Shirley ist klug, und Moore glaubt, mit Hilfe ihres besänftigenden Einflusses auch die Schwierigkeiten mit seinen Arbeitern besser meistern zu können. Als Shirley hinter Moores Doppelspiel kommt, weist sie ihn zurück. Ihre Hand gewinnt am Ende Moores Bruder Louis. Caroline erkrankt aus Kummer. Doch alles wendet sich zum Guten: Moore kehrt zu Caroline zurück und hält um ihre Hand an. Die politische Lage wird günstiger, was seinem Unternehmen neuen Auftrieb gibt. Es gelingt Moore auch, seine Arbeiter zu beruhigen. Auf seinen Plan, neue, schnellere Maschinen anzuschaffen, verzichtet er zwar nicht; doch er will behutsam vorgehen, so daß die Arbeiter nicht von heute auf morgen in Bedrängnis geraten, sondern langsam in die veränderten sozialen Bedingungen hineinwachsen können.

Charlotte hat mit ihrer Heldin Shirley im Grunde ein Selbstbildnis entworfen, in das auch noch einige mehr äußerliche Züge ihrer Schwester Emily einfließen. Die Liebesbeziehungen gelangen Charlotte weniger überzeugend als in ihrem früheren Roman *Jane Eyre*. Sie gab in diesem Buch zum erstenmal den Standpunkt des Ich-Erzählers zugunsten einer auktorialen, objektivierenden Erzählweise auf. Dies und die Vielzahl zwischenmontierter belehrender Kommentare nahmen dem Buch die Spannung. Charlotte vermochte es nicht, die Verflechtung von persönlichem Schicksal und sozialen Verhältnissen deutlich zu machen. Die frühkapitalistische Krise bleibt eine bloße Kulisse, aus der sich die privaten Beziehungen nicht folgerichtig ergeben. Das eine hat nur zufällig mit dem andern zu tun. Die Teile des Romans, in denen Charlotte das provinzielle Leben, die engherzig-selbstgerechte Welt der Geistlichkeit aus eigener Erfahrung schildern konnte, gelangen ihr am besten. Was nicht zu ihrem unmittelbaren Erfahrungsbereich gehörte – beispielsweise die sozialen Probleme der Zeit –, vermochte sie nur sehr oberflächlich darzustellen. Das Buch fand Anklang, war jedoch keine Sensation wie *Jane Eyre*. *Shirley* verdankte seinen Erfolg ganz eindeutig dem Ruhm seiner Verfasserin.

Für das nächste Buch, *Villette*, das 1853 erschien, schöpfte Charlotte noch einmal aus ihrer Zeit im Brüsseler Pensionat Héger. *Villette* ist die Geschichte einer englischen Lehrerin, die auf den Kontinent reist und sich dort in den Professor Emanuel verliebt. Was Charlotte in Brüssel versagt blieb, gelingt ihrer Heldin Lucy Snowe: Emanuel wird ihr Geliebter. Ungewöhnlich an der Handlung ist, daß sich Lucy im Verlauf der Handlung von dem Mann emanzipiert. Beim Publikum jedoch konnte Charlotte mit *Villette* nicht an ihre bisherigen Erfolge anknüpfen.

Charlotte war die einzige der Schwestern, die trotz aller Fehlschläge und Enttäuschungen an der Absicht festgehalten hatte, die Welt jenseits des ärmlichen Pfarrhauses am Haworther Friedhof zu erobern. Auch nach dem Tod Branwells und Emilys hatte sie diese Hoffnung nicht aufgegeben. Nach Annes Tod änderte sich das. Jetzt war Charlotte müde geworden, resigniert. Sie hatte begriffen, daß diese Welt nicht für sie geschaffen war. Das bescheidene Glück im Pfarrhaus, der nörgelnde, kränkelnde Vater, die ereignislosen, blassen Tage, die sich endlos hinschleppten, das Schweigen des Moors ringsum – vielleicht war dies ihre eigentliche Welt.

Seit Mai 1845 lebte Arthur Bell Nicholls im Pfarrhaus. Er war Patrick Brontës Hilfsgeistlicher, ein braver, überaus frommer, streng puritanisch eingestellter Mann ohne intellektuelle Ambitionen. Die Schwestern mochten ihn, vielleicht deshalb, weil er kaum auffiel und so das Leben im Haus nicht störte – für die Brontës ein sehr wesentlicher Gesichtspunkt. Nicholls verliebte sich in Charlotte, was diese zunächst gar nicht bemerkte. Kurz vor Weihnachten 1852 machte er ihr einen Heiratsantrag. *Am Montagabend war Mr. Nicholls bei uns zum Tee. Ohne es zu wissen, spürte ich … was seine beharrlichen Blicke und sein merkwürdiges Benehmen zu bedeuten hatten. Er schien unter einer furchtbaren Anspannung zu stehen. Nach dem Tee zog ich mich wie üblich ins Eßzimmer zurück; und Mr. Nicholls saß wie immer zwischen acht und neun Uhr mit Papa zusammen. Dann hörte ich, wie er die Zimmertür öffnete, als ob er gehen wolle. Ich erwartete, in der nächsten Sekunde die Haustür schlagen zu hören. Statt dessen hörte ich, wie er im Flur stehenblieb. Dann klopfte er an die Tür – wie ein Blitz durchfuhr mich die Ahnung dessen, was nun kommen sollte. Er kam herein, er stand vor mir. Was er mir sagte, kannst Du erraten – wie er es sagte, werde ich nie vergessen. Er zitterte von Kopf bis Fuß. Sein Gesicht war totenblaß. Seine Stimme war kaum zu hören, sie zitterte, das Sprechen bereitete ihm Schwierigkeiten. Zum erstenmal begriff ich, welche Kraft es einen Mann kostet, einer Frau seine Gefühle zu erklären, wenn er an Ihrer Zuneigung zweifelt …*[153]

Charlotte lehnte Nicholls' Antrag am nächsten Morgen ab. Als Hauptgrund nannte sie den schlechten Gesundheitszustand ihres Vaters. Das war aber sicherlich nicht das eigentliche Motiv für ihre Entscheidung. Nicholls war Charlotte zu nichtssagend. Trotzdem fühlte sie sich geschmeichelt, denn eine Ehe hatte sie sich als einzige ihrer Schwestern immer gewünscht. Als Charlotte Patrick Brontë von Nicholls' Antrag unterrichtete, bekam er einen Wutanfall. Das erleichterte ihr die Entscheidung gegen Nicholls. Für Charlotte wäre die Angelegenheit damit erledigt gewesen, nicht aber für Patrick Brontë. Der verfolgte seinen Hilfsgeistlichen fortan mit Mißtrauen, vielleicht sogar Haß, weil er sich

Charlotte Brontë. Fotografie, um 1854

18 54. Marriage solemnized *at Haworth* in the *Parish* of *Bra*

No.	When Married.	Name and Surname.	Age.	Condition.	Rank or Profession.	Residence
346	*June 29th*	*Arthur Bell Nicholls*	*full age*	*Bachelor*	*Clerk*	*Kir*
		Charlotte Bronte	*full age*	*Spinster*	____	

Married in the *Church of Haworth* according to the Rites and Ceremonies of the *Establish*

This Marriage was solemnized between us, *Arthur Bell Nicholls* / *Charlotte Bronte* — in the Presence of us,

erdreistet hatte, ihm die Tochter, die Stütze seines Alters, wegnehmen zu wollen.

Im Laufe der Zeit allerdings änderte sich Charlottes Einstellung gegenüber Nicholls. Sie begann ihn sympathisch zu finden und litt immer mehr darunter, daß ihr Vater den Mann so heftig ablehnte. Nicholls hatte seine Konsequenzen aus der Entzweiung gezogen und in einem ein paar Kilometer von Haworth entfernten Ort eine Stelle als Hilfsgeistlicher angenommen. Als er sich verabschiedete, begriff Charlotte, daß sie im Begriff war, einen Menschen zu verlieren, der ihr doch viel bedeutete.

Er verließ Haworth heute morgen um 6 Uhr. Gestern abend war er bei Vater und sagte auf Wiedersehen... Und wirklich, bis zum letzten Augenblick glaubte ich, es sei so das beste. Als ich aber merkte, daß er draußen lange an der Gartentür stehenblieb, und an seinen tiefen Kummer dachte, nahm ich allen Mut zusammen und ging zitternd und traurig zu ihm. Ich fand ihn in unendlicher Pein am Gartentor lehnend. Er weinte, wie ich noch nie zuvor ein Weib gehört hatte.[154]

Nicholls' Name blieb für Patrick weiterhin ein Reizwort. *Ich wage es nicht, Mr. Nicholls' Namen Papa gegenüber zu erwähnen.* Charlotte zwang sich, Nicholls zu vergessen. Es sollte eben nicht sein. Alles, was in ihrem Leben Glück zu verheißen schien, wurde früher oder später durch unglückliche Umstände zunichte gemacht. Daran war Charlotte gewöhnt. *Ich sehe keine Hoffnung, jemals wieder etwas von ihm zu hören... Trotzdem, ich bin überhaupt nicht zu bedauern – und außerdem: Es bedauert mich auch niemand.*[155]

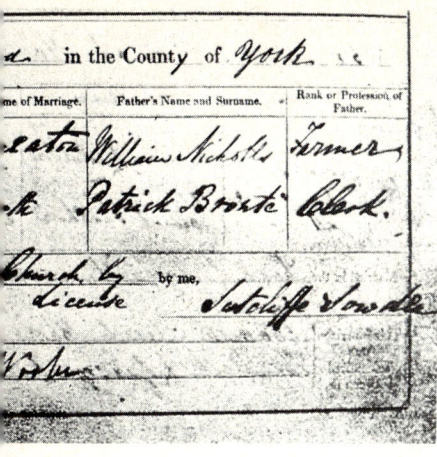

Heiratseintrag von Charlotte

Auch Nicholls konnte Haworth nicht aus seinen Gedanken verdrängen. Er kam öfters auf Besuch, zwar nicht ins Pfarrhaus, doch zu einem Freund in Haworth. So blieb Charlotte mit Nicholls in Kontakt, und sie versuchte zaghaft, ihren Vater umzustimmen, anfangs freilich mit wenig Erfolg. Sie erklärte ihm, daß sie weder jung noch hübsch sei und im Falle seines Todes trotz ihres Erfolgs als Romanautorin ziemlich mittellos sein würde. Dennoch wollte Brontë sich nicht mit dem Gedanken abfinden, daß seine Tochter einen bloßen Hilfsgeistlichen ehelichen sollte. Doch Charlotte verstand es, sanft und beharrlich zu argumentieren. Sie machte ihm klar, was für eine Verbindung mit Nicholls sprach: Er wäre bereit gewesen, mit Charlotte im Pfarrhaus zu leben und für Brontë zu arbeiten. Auf diese Weise brauchte sie ihren Vater nicht zu verlassen. Patricks Reaktion: «Niemals. Nie will ich einen anderen Mann hier im Haus.»[156]

Doch Brontë gab nach. Nicholls durfte wieder ins Pfarrhaus kommen. Und er warb noch einmal um Charlottes Hand. Im April 1854 verlobten sie sich. Charlotte war zwar nicht begeistert, aber durchaus zufrieden. Sie war dankbar für jede Wendung ihres Lebens, die ein wenig mehr Glück zu versprechen schien. *Ich bin noch immer sehr ruhig, ich erwarte nicht viel ... Ich vertraue darauf, daß ich meinen Gatten lieben werde, und bin dankbar für seine zärtliche Liebe zu mir. Ich glaube, er ist ein gefühlvoller, gewissenhafter Mann mit hohen Prinzipien. Die Liebe eines solchen Mannes ist ein großes Geschenk, und wenn ich bedauerte, daß er keine hervorragende Begabung besitzt, keinen bemerkenswerten Geschmack und keine überragenden Gedanken hat, so käme mir dies anmaßend und undankbar*

129

Elizabeth Gaskell. Porträt von George Richmond

vor.[157] Charlotte machte sich nichts vor. An Träume verschwendete sie keine Gedanken. Eine Ehe mit Nicholls war in ihrer Situation die beste Lösung, und er liebte sie. *Er ist sehr steif, und ich fürchte, dies wird wahrscheinlich meine Beziehung zu einigen meiner Freunde beeinträchtigen. Aber in meinem Herzen werde ich mich ihnen gegenüber nicht verändern. Und Nicholls werde ich es nicht erlauben, mich blind zu machen.*[158]

Die Hochzeit fand am 29. Juni 1854 statt. Am gleichen Tag begaben sich Charlotte und Nicholls auf eine Hochzeitsreise nach Wales und Irland, die bis Anfang August dauerte. Charlotte hatte früher immer fleißig Briefe geschrieben; jetzt blieb ihr kaum mehr Zeit dafür. *Seit ich wieder zu Hause bin, habe ich keinen Augenblick Muße gehabt. Mein Leben hat sich völlig verändert. Ständig wird nach mir gerufen, und dauernd bin ich beschäftigt – das erscheint mir so eigenartig, ungewohnt, und doch ist es etwas ganz Großartiges…*[159]

Nicholls war dabei, Charlottes Leben völlig in Besitz zu nehmen. Er bat sie beispielsweise, die für seinen Geschmack zu offenherzigen Briefe an ihre Freundinnen zu unterlassen. *Männer scheinen,* resümierte Charlotte in einem Brief an Ellen Nussey, *keinen Sinn dafür zu haben, Briefe als ein Mittel zum Miteinandersprechen zu benützen. Sie halten uns Frauen immer für leichtsinnig. Ich bin sicher, daß ich nichts Böses und Unbedachtes gesagt habe. Trotzdem, verbrenne diesen Brief, wenn Du ihn gelesen hast.*[160] Charlotte ging mit ihrem Mann viel spazieren. Sie fühlte sich wohl; und sie erwartete ein Kind. Auf einem der langen Spaziergänge erkältete sie sich. Von diesem Augenblick an kränkelte sie; das Fieber ließ sich nicht mehr vertreiben. *Mein Leiden ist groß. Die Nächte sind unbeschreiblich. Krankheit ohne Gnadenfrist. Ich fühle einen Druck in mir, bis ich mich übergebe und Blut spucke...*[161] *Die Arzneien helfen so gut wie gar nicht... Ich habe Arthur untersagt, Dr. Hemingway zu schreiben – ich weiß, es wäre völlig sinnlos.*[162]

In den frühen Morgenstunden des 31. März 1855 starb Charlotte. Patrick Brontë stand wieder vor einem Grab. Er hatte seine ganze Familie überlebt. Nicholls blieb im Pfarrhaus und sorgte für den alten Mann, der noch sechs Jahre lang lebte. Die beiden Männer konnten die Erinnerung an Charlotte nicht aus ihrem Gedächtnis verbannen – und auch die Welt vergaß Charlotte nicht. Besucher kamen nach Haworth. Legenden entstanden um die berühmte Autorin. Patrick bat Elizabeth Gaskell, eine der intimsten Freundinnen Charlottes, ihre Biographie zu schreiben. 1857 erschien das Buch: Es war ein Erfolg. Und Patrick Brontë durfte es noch erleben, daß seine Töchter in die Literaturgeschichte eingingen. Haworth wurde zu einem Reiseziel vieler Literaturfreunde. Nach Patricks Tod im Jahre 1862 löste Nicholls den Haushalt auf und kehrte nach Irland zurück.

Anmerkungen

1 Arno Schmidt: Angria und Gondal. In: A. S.: Der Triton mit dem Sonnenschirm. Karlsruhe 1969, S. 8

2 Zitiert nach Brian Wilks: The Brontës. London 1975, S. 25

3 Ebd., S. 34

4 Vgl. dazu Lawrence and E. M. Hanson: The Four Brontës. London Hampden, Connecticut 1970, S. 2 ff

5 Ebd., S. 36

6 The Brontës: Their Lives, Friendships and Correspondence. Hg. von Thomas James Wise. Oxford 1980, Vol. 1, S. 55 ff

7 Zitiert nach Wilks: The Brontës, a. a. O., S. 31

8 Ebd., S. 38

9 Ebd.

10 Ebd.

11 Ebd.

12 Vgl. dazu Hanson, a. a. O., S. 8

13 Clement Shorter: The Brontës. Life and Letters. New York 1969, S. 78

14 Charlotte Brontë: *Jane Eyre*. Aus d. Engl. von Elisabeth von Arx. Frankfurt a. M. 1982 (= Ullstein Buch Nr. 30123), S. 30 ff. In der Tat vergaß Charlotte die schockierenden Erlebnisse in dieser Schule nie. Diese fanden einen äußerst realistischen Niederschlag in ihrem ersten veröffentlichten Roman *Jane Eyre*, in dem sie Cowan Bridge und in der Romanfigur des Reverend Brocklehurst den Begründer der Schule, Carus Wilson, minuziös porträtiert. Daß Charlotte ins Schwarze getroffen hatte, zeigt der Streit den es kurz nach der Veröffentlichung des Romans gab. Ehemalige Schüler und Anhänger Wilsons hatten sofort erkannt, welche Wirklichkeit Charlotte in ihrem Buch schilderte. Dieser Streit dauerte sogar über Charlottes Tod hinaus an. Im «Halifax Guardian» führte Charlottes Mann nach ihrem Tod 1857 noch eine Brieffehde, in der er seine Frau verteidigte. Nach drei Monaten beendete Nicholls die Kontroverse mit einem letzten Leserbrief. «Von nun an mögen», schrieb er, «alle Feinde Charlottes über ihrem Grab knurren und heulen, ich werde sie nicht mehr daran hindern.» Nicholls hielt Wort. Vgl. dazu Wilks, a. a. O., S. 45

15 Wilks, a. a. O., S. 42

16 Elizabeth Gaskell, zitiert bei Wilks, a. a. O., S. 44

17 Charlotte Brontë: *Jane Eyre*, a. a. O., S. 43 f

18 Ebd., S. 47

19 Ebd., S. 48

20 Wilks, a. a. O., S. 44

21 Shorter, a. a. O., S. 78

22 *Jane Eyre*, a. a. O., S. 63

23 Zitiert bei Barbara and Gareth Lloyd Evans: Everyman's Companion to the Brontës. London 1982, S. 79

24 Ebd.

25 Ebd., S. 78

26 Ebd.

27 Ebd., S. 76

28 *Jane Eyre*, a. a. O., S. 5 f

29 Zitiert nach Evans, a.a.O., S. 77
30 The Brontës, a.a.O., Vol. 1, S. 28
31 Evans, a.a.O., S. 76
32 The Brontës, a.a.O., Vol. 1, S. 28
33 Charlotte Brontë: *The History of the Year*, 12 March 1829. Zitiert nach Hanson, a.a.O., S. 17
34 Ebd.
35 Nach der Übersetzung Arno Schmidts, a.a.O., S. 22 ff
36 Die Forschung hat es mit den Juvenalia der Brontës besonders schwer. Zum einen sind die Manuskripte in alle Welt verstreut. Nach Charlottes Tod blieben die Heftchen im Pfarrhaus von Haworth. Charlottes Mann zog nach Patricks Tod nach Irland, wo er ein zweites Mal heiratete. Die Manuskripte nahm er mit und verkaufte sie. Einige blieben in England und gelangten an die British Library und an das Brontë-Museum, andere kamen in private Hand in England und in den USA. Seit vielen Jahren bemüht sich das Brontë-Museum, möglichst alles Material, das auf dem Markt angeboten wird, zu erwerben. Jedoch sind die Brontëschen Juvenalia noch keinesfalls komplett. Es gibt auch keine verläßliche und sorgfältige Edition dieser Schriften, weil die Transkription der winzigen, oft in mikroskopisch kleiner Schrift abgefaßten Kritzelhefte eine Sisyphusarbeit ist, und außerdem ist die Zuordnung der Texte sehr schwierig, denn manche Heftchen sind im Laufe der Jahrzehnte in einzelne Seiten auseinandergebrochen. Manches ist auch einfach verlorengegangen oder von vornherein Fragment geblieben. Vgl. Evans, a.a.O., S. 154 ff
37 The Brontës, a.a.O., Vol. 1, S. 64
38 Schmidt, a.a.O., S. 30 ff
39 Evans, a.a.O., S. 160
40 Brief an Ellen Nussey vom 12. Januar 1835, zitiert in The Brontës, a.a.O., Vol. 1, S. 125
41 Brief an Ellen Nussey vom 21. Juli 1832, zitiert in The Brontës, a.a.O., Vol. 1, S. 103
42 Hanson, a.a.O., S. 30
43 Brief an Ellen Nussey, zitiert in The Brontës, a.a.O., Vol. 1, S. 129
44 Ebd.
45 Zitiert bei Wilks, a.a.O., S. 76
46 Ebd.
47 Tagebuchfragmente, Bonnell Collection, zitiert nach Hanson, a.a.O., S. 47
48 Verdopolis, ursprünglich Glasstown genannt, hieß die Hauptstadt des Angrianischen Reichs
49 Tagebuchfragmente, Bonnell Collection, zitiert nach Hanson, a.a.O., S. 48
50 Ebd.
51 Wilks, a.a.O., S. 82
52 Robert Southeys Brief an Charlotte vom März 1837, zitiert in The Brontës, a.a.O., Vol. 1, S. 155
53 Charlottes Brief vom 2. Oktober 1837, zitiert bei Hanson, a.a.O., S. 60
54 Charlottes Brief vom 9. Juni 1838, zitiert bei Hanson, a.a.O., S. 64
55 Charlottes Brief vom 15. Mai 1840, zitiert in The Brontës, a.a.O., Vol. 1, S. 206
56 Charlottes Brief vom 12. März 1839, zitiert bei Hanson, a.a.O., S. 67
57 Charlottes Brief vom 4. August 1839, zitiert bei Hanson, a.a.O., S. 74
58 Charlottes Brief vom 15. April 1839, zitiert in The Brontës, a.a.O., Vol. 1, S. 175 f
59 Hanson, a.a.O., S. 69
60 Charlottes Brief vom 8. Juli 1839, zitiert bei Hanson, a.a.O., S. 69
61 Ebd.
62 Charlottes Brief vom 30. Juni 1839, zitiert in The Brontës, a.a.O., Vol. 1, S. 180
63 Ebd., S. 177
64 Ebd., S. 189
65 Charlottes Brief vom 24. Oktober 1839, zitiert in The Brontës, a.a.O., Vol. 1, S. 191

66 Tagebuchfragment, Bonnell Collection, zitiert bei Hanson, a.a.O., S. 74
67 Charlottes Brief an Wordsworth, zitiert in The Brontës, a.a.O., Vol. 1, S. 211
68 Ebd., S. 212
69 Robert de Traz: Die Familie Brontë. München 1984, S. 176
70 Ebd., S. 175
71 Tagebuchfragmente, Bonnell Collection, zitiert nach Hanson, a.a.O., S. 48
72 Charlottes Brief vom 24. Januar 1840, zitiert in The Brontës, a.a.O., Vol. 1, S. 196
73 Ebd.
74 Hanson, a.a.O., S. 95 f
75 Ebd., S. 79
76 Charlottes Brief vom 28. Dezember 1839, zitiert in The Brontës, a.a.O., Vol. 1, S. 194 f
77 Charlottes Brief vom 3. März 1841, zitiert in The Brontës, a.a.O., Vol. 1, S. 226
78 Ebd.
79 Annes Tagebuch vom 30. Juli 1841, zitiert in The Brontës, a.a.O., Vol. 1, S. 239
80 Ebd.
81 Charlottes Brief vom 7. August 1841, zitiert bei Hanson, a.a.O., S. 100
82 Annes Tagebuch vom 30. Juli 1841, zitiert in The Brontës, a.a.O., Vol. 1, S. 239
83 Emilys Tagebuchfragment vom 30. Juli 1841, zitiert in The Brontës, a.a.O., Vol. 1, S. 238
84 Charlottes Brief vom 19. Juli 1841, zitiert in The Brontës, a.a.O., Vol. 1, S. 235 ff
85 Ebd.
86 Charlottes Brief vom 17. Oktober 1841, zitiert bei Hanson, a.a.O., S. 107 f
87 Ebd.
88 Ebd.
89 Ebd.
90 Hanson, a.a.O., S. 124
91 Ebd., S. 128
92 Charlottes Brief vom 6. März
93 1843, zitiert bei Hanson, a.a.O., S. 132
93 Ebd.
94 Ebd.
95 Charlottes Brief vom 1. Mai 1843, zitiert bei Hanson, a.a.O., S. 133
96 Ebd., S. 134
97 Ebd., S. 135
98 Charlottes Brief vom 29. Mai 1843, zitiert bei Hanson, a.a.O., S. 135
99 Charlottes Brief vom 13. Oktober 1843, zitiert bei Hanson, a.a.O., S. 135
100 Charlottes Brief vom 29. Mai 1843, zitiert bei Hanson, a.a.O., S. 136
101 Ebd.
102 Charlottes Brief vom 2. September 1843, zitiert bei Hanson, a.a.O., S. 138 f
103 Charlottes Brief vom 1. Oktober 1843, zitiert bei Hanson, a.a.O., S. 140
104 Ebd.
105 Charlottes Brief vom 13. Oktober 1843, zitiert bei Hanson, a.a.O., S. 141
106 Charlottes Brief vom 15. November 1843, zitiert bei Hanson, a.a.O., S. 157
107 Ebd., S. 156
108 Ebd., S. 182
109 Ebd.
110 Ebd.
111 Ebd., S. 147
112 Ebd., S. 149
113 Charlottes Brief vom 24. Oktober 1844, zitiert bei Hanson, a.a.O., S. 151
114 Hanson, a.a.O., S. 155
115 The Brontës: Their Lives, Friendships and Correspondence. Oxford 1980, Vol. 2, S. 1
116 Hanson, a.a.O., S. 155
117 Charlottes biographische Notiz in der Ausgabe von *Wuthering Heights* von 1850. Zitiert nach Hanson, a.a.O., S. 192
118 Charlottes Brief an ihren Lektor Williams vom September 1848. Zitiert nach Hanson, a.a.O., S. 192
119 Hanson, a.a.O., S. 192
120 Ebd.

121 Zitiert nach Wilks, a. a. O., S. 144

122 Ebd., S. 118

123 Thackerays Brief vom 28. Januar 1848. Zitiert bei Hanson, a. a. O., S. 252

124 Charlottes Brief an Mary Taylor vom 4. September 1848. Zitiert bei Hanson, a. a. O., S. 256

125 Ebd.

126 Ebd.

127 Charlottes Brief vom 31. Juli 1848. Zitiert bei Hanson, a. a. O., S. 261

128 Charlottes Brief vom 28. Juli 1848 an Ellen. Zitiert bei Hanson, a. a. O., S. 265

129 The Brontës, a. a. O., Vol. 1, S. 265

130 Ebd.

131 Ebd., S. 264

132 Ebd.

133 Ebd.

134 Charlottes Brief vom 2. Oktober 1848. Zitiert bei Hanson, a. a. O., S. 267

135 Charlottes Brief vom 9. Oktober 1848. Zitiert bei Hanson, a. a. O., S. 268

136 Ebd.

137 Charlottes Brief vom 2. September 1848. Zitiert in The Brontës, a. a. O., Vol. 1, S. 268 ff

138 Charlottes Brief vom 23. November 1848. Zitiert bei Hanson, a. a. O., S. 270

139 Ebd.

140 Charlottes biographische Notiz in der Ausgabe von *Wuthering Heights* von 1850. Zitiert nach Hanson, a. a. O., S. 270

141 Charlottes Brief an ihren Lektor Williams vom 4. Juni 1849. Zitiert bei Hanson, a. a. O., S. 275

142 Charlottes Brief an Williams vom 18. Januar 1849. Zitiert bei Hanson, a. a. O., S. 278

143 Zitiert bei Hanson, a. a. O., S. 286

144 Annes Brief an Ellen vom 5. April 1849. Zitiert bei Hanson, a. a. O., S. 282

145 Ebd.

146 Ebd.

147 Charlottes Brief an ihren Lektor Williams vom 4. Juni 1849. The Brontës, a. a. O., Vol. 2, S. 337

148 Ebd., S. 338

149 Charlottes Brief vom 23. Juni 1849. Zitiert bei Hanson, a. a. O., S. 291

150 Charlottes Brief vom 23. Juni 1849. Zitiert bei Hanson, a. a. O., S. 291

151 Ebd., S. 292

152 Charlottes Brief vom 26. Juli 1849. Zitiert bei Hanson, a. a. O., S. 292

153 Charlottes Brief vom 1. Juli 1852. Zitiert bei Hanson, a. a. O., S. 318

154 Charlottes Brief vom 27. Mai 1853. The Brontës, a. a. O., Vol. 2, S. 332

155 Ebd.

156 Brief Mrs. Gaskells an John Forster vom 18. Mai 1854. Zitiert bei Hanson, a. a. O., S. 330

157 Brief Charlottes vom 11. April 1854. The Brontës, a. a. O., Vol. 2, S. 112

158 Hanson, a. a. O., S. 331

159 Charlottes Brief vom 9. August 1854. Zitiert nach The Brontës: Their Lives, Friendships and Correspondence. Oxford 1980, Vol. 3, S. 145

160 The Brontës, a. a. O., Vol. 2, S. 156

161 Brief Charlottes vom Februar 1855. Zitiert nach The Brontës: Their Lives, Friendships and Correspondence. Oxford 1980, Vol. 4, S. 176

162 Ebd.

Zeittafel

1777 Patrick Branty oder Brunty in Emdale (Nordirland) geboren.

1783 Maria Branwell in Penzance (Cornwall) geboren.

1812 29. Dezember: Patrick und Maria heiraten in der Kirche von Guiseley bei Leeds. Erster Wohnsitz ist Clough House in Hightown.

1814 Januar (?): Maria Brontë geboren in Hightown.

1815 8. Februar: Elizabeth Brontë geboren in Hightown.
Mai: Umzug nach Thornton.

1816 21. April: Charlotte Brontë geboren in Thornton.

1817 26. Juni: Branwell Patrick Brontë geboren in Thornton.

1818 30. Juli: Emily Jane Brontë geboren in Thornton.

1820 17. Januar: Anne Brontë geboren in Thornton.
April: Umzug ins Pfarrhaus nach Haworth.

1821 Februar: Maria Brontë erkrankt.
Mai: Tante Branwell kommt aus Penzance, um die kranke Mutter zu unter-stützen.
15. September: Maria Brontë stirbt an Krebs.

1824 Juni: Patrick bringt Branwell Holzsoldaten von Bradford mit.
21. Juli: Maria und Elizabeth gehen auf die Schule in Cowan Bridge.
10. August: Charlotte ebenfalls nach Cowan Bridge.
25. November: Emily nach Cowan Bridge.

1825 14. Februar: Maria wird krank nach Hause geschickt.
6. Mai: Maria stirbt in Haworth.
31. Mai: Elizabeth kehrt krank nach Hause zurück.
15. Juni: Elizabeth stirbt in Haworth.

1826 5. Juni: Branwell bekommt neue Holzsoldaten aus Leeds.
Juni: Erste Schreibversuche von Charlotte und Branwell.
Dezember: Die ersten Glass-Stadt-Manuskripte.

1829 Januar: Branwell beginnt seine Angria-Magazine.

1831 17. Januar: Charlotte wird auf Miss Woolers Schule in Roe Head geschickt.

1832 Mai: Charlotte verläßt Roe Head und kehrt ins Pfarrhaus zurück.
13. Juni: Charlotte beginnt Korrespondenz mit ihren Freundinnen von Roe Head, Ellen Nussey und Mary Taylor.
Ende September: Charlotte besucht zusammen mit Branwell Ellen Nussey in Rydings.

1833 10. Juli: Ellen Nussey kommt auf Besuch nach Haworth.

1835 Anfang des Jahres: William Robinson als Lehrer für Branwells Malkünste engagiert.

29. Juli: Charlotte als Lehrerin zu Miss Wooler nach Roe Head. Emily begleitet sie als Schülerin.

Mitte Oktober: Emily wird krank nach Hause geschickt; an ihrer Stelle kommt Anne als Schülerin.

Branwell reist nach London zur Vorstellung an der Royal Academy, traut sich jedoch erst gar nicht hin.

1836 29. Dezember: Charlotte schickt Gedichte an Southey und bittet um sein Urteil.

1837 19. Januar: Branwell schickt Arbeitsproben an Wordsworth, erhält aber keine Antwort.

März: Southey antwortet Charlotte und will ihr eine Literaturkarriere ausreden.

16. März: Charlotte erwidert Southeys Brief; er lädt sie daraufhin zu sich ein.

Juni: Charlottes Depression steigert sich. Miss Woolers Schule wird nach Heald's House verlegt.

Herbst: Emily tritt eine Lehrstelle in Law Hill an.

Dezember: Anne wird in Roe Head krank.

Weihnachten: Charlotte kehrt mit Anne nach Haworth zurück, Anne bleibt zu Hause.

1838 Mai: Branwell versucht sich als Porträtmaler in Bradford, erste Aufträge, Aussicht auf Erfolg.

23. Mai: Charlotte verläßt aus Gesundheitsgründen Miss Woolers Schule.

Anfang Juni: Emily verläßt Law Hill.

1839 26. Februar: Henry Nussey macht Charlotte einen Heiratsantrag.

5. März: Charlotte lehnt Nusseys Antrag ab.

8. April: Anne geht als Gouvernante zu den Inghams nach Blake Hall in Mirfield.

Mai: Branwell gibt sein Atelier in Bradford auf und kehrt nach Hause zurück.

8. Juni: Charlotte wird Gouvernante bei den Sidgwicks in Stonegappe in der Nähe von Skipton.

19. Juli: Charlotte quittiert den Dienst und kehrt nach Hause zurück.

August: Branwell reist allein nach Liverpool.

4. August: Reverend Bryce macht Charlotte vergeblich einen Heiratsantrag.

Dezember: Anne mit den Inghams zerstritten, sie verläßt Blake Hall.

Ende des Jahres: Charlotte löst sich aus der Angria-Welt.

31. Dezember: Branwell wird Tutor bei den Postlethwaites in Ulverston.

1840 Mai: Anne als Gouvernante zu den Robinsons nach Thorp Green.

Juni: Branwell entlassen, kehrt nach Haworth zurück.

31. August: Branwell wird Eisenbahnangestellter in Sowerby Bridge.

1841 3. März: Charlotte als Gouvernante zu den Whites nach Rawdon bei Bradford.

1. April: Branwell als Stationsvorsteher nach Luddenden Foot.

29. September: Charlotte schreibt Tante Branwell und bittet sie um finanzielle Unterstützung ihrer geplanten Schule.

24. Dezember: Charlotte gibt ihre Stelle bei den Whites in Rawdon auf.

1842 8. Februar: Charlotte und Emily reisen nach Brüssel.

31. März: Branwell wird von seinem Bahnposten wegen Unregelmäßigkeiten in der Abrechnung entlassen. Er kehrt nach Haworth zurück.

29. Oktober: Tante Branwell stirbt.

November: Anne, Charlotte und Emily in Haworth.

1843 Januar: Anne zurück nach Thorp Green zu den Robinsons. Branwell begleitet sie; er hat eine Stelle als Tutor.

27. Januar: Charlotte als Lehrerin nach Brüssel.

31. Dezember: Charlotte verläßt Brüssel.

1844 2. Januar: Charlotte trifft in Haworth ein. Anne und Branwell auf Ferien zu Hause.

Ende Januar: Charlotte will ihre Schule im Pfarrhaus eröffnen. Anne und Branwell nach Thorp Green zurück. Charlotte versucht Schüler zu werben, jedoch ohne Erfolg.

1845 Mai: Reverend A. Bell Nicholls wird Hilfsgeistlicher in Haworth.

11. Juni: Anne und Branwell auf Ferien in Haworth. Anne kehrt nicht mehr nach Thorp Green zurück. Branwell geht am 18. Juni allein.

17. Juni: Branwell wird in Thorp Green von Mr. Robinson fristlos entlassen.

September: Charlotte entdeckt Emilys Gedichte und liest sie heimlich.

1846 Ende Januar: Charlotte erkundet Möglichkeiten, ihre gemeinsamen Gedichte zu veröffentlichen.

Mitte Februar: Die Gedichte werden gedruckt.

4. Juli: Die beiden einzigen Rezensionen des Gedichtbands in «The Athenaeum» und «The Critic».

Juli: *The Professor* (Charlotte), *Wuthering Heights* (Emily) und *Agnes Grey* (Anne) als Manuskripte an eine Reihe von Verlagen verschickt.

19. August: Charlotte mit Patrick Brontë zur Augenoperation (Grauer Star) nach Manchester.

1847 August: *The Professor* von Smith, Elder & Co. abgelehnt, doch großes Interesse an neuem Werk.

Ende August: Charlotte schickt *Jane Eyre* an Smith, Elder & Co. Das Buch wird sofort angenommen.

Mitte Oktober: *Jane Eyre* veröffentlicht.

Dezember: *Wuthering Heights* und *Agnes Grey* von T. C. Newby veröffentlicht.

1848 Juni: *The Tenant of Wildfell Hall* (Anne) veröffentlicht.

7.–11. Juli: Charlotte und Anne in London.

24. September: Branwell stirbt an chronischer Bronchitis und allgemeiner Auszehrung.

September: Charlotte erkrankt.

7. November: Emily krank.

19. Dezember: Emily stirbt am frühen Nachmittag.

1849 Anfang Januar: Anne erkrankt, in wechselnder ärztlicher Behandlung, keine Besserung.

24. Mai: Charlotte, Anne und Ellen Nussey nach Scanborough, um Annes Gesundheit zu unterstützen.

28. Mai: Anne stirbt in Scanborough.

21. Juni: Charlotte wieder in Haworth.

26. Oktober: *Shirley* (Charlotte) veröffentlicht.

29. November–15. Dezember: Charlotte in London.

1850 18. August–25. August: Charlotte in Windermere bei den Shuttleworths.

19. August: Erstes Zusammentreffen mit Mrs. Gaskell.

1851 28. Mai–30. Juni: Charlotte wieder in London. Vorträge von Thackeray. Zusammentreffen mit Mrs. Gaskell.

Dezember: Charlotte leidet an einer heftigen Infektion. *Villette* angefangen.

1852 23. Mai–1. Juli: Charlotte zur Erholung nach Filey.

13. Dezember: Nicholls macht Charlotte einen Heiratsantrag, den sie wegen Patricks Gesundheitszustand ablehnt.

1853 5. Januar–2. Februar: Charlotte in London. *Villette* veröffentlicht.

26. Mai: Nicholls verabschiedet sich vom Pfarrhaus.

19.–23. September: Mrs. Gaskell zum erstenmal in Haworth.

1854 Januar: Nicholls auf kurzen Besuch im Pfarrhaus.

11. April: Charlotte und Nicholls verlobt.

29. Juni: Heirat in Haworth. Flitterwochen in Wales und Irland. Rückkehr am 1. August.

29. November: Auf einer Wanderung mit Nicholls zum Wasserfall im Moor holt sich Charlotte eine Erkältung.

1855 9. Januar: Charlotte krank.

25. Januar: Charlotte ans Bett gefesselt.

17. Februar: Charlotte macht ihr Testament; alles soll Nicholls gehören.

31. März: Charlotte stirbt.

4. April: Charlotte in Haworth beerdigt.

Juni: Patrick Brontë bittet Mrs. Gaskell, Charlottes Biographie zu schreiben.

Zeugnisse

Eugène Forçade
Ich werde nie aufhören, diesen kraftvollen, gesunden und moralischen
Geist zu loben, der jede Seite von *Jane Eyre* erfüllt. Was immer unsere
Romanciers auch sagen, dieses Buch beweist wieder einmal, daß der Ro-
man unendliche natürliche Reichtümer besitzt, um eine rechtschaffene
Moral und die Geschehnisse unseres wirklichen Lebens und die einfache
und ehrliche Entwicklung unserer Leidenschaften darzustellen.

«Revue des Deux Mondes». 1848

George Eliot
Ich habe *Jane Eyre* gelesen, mon ami, und es würde mich interessieren, was
Sie an dem Buch bewundern. All die Selbstaufopferung ist ja schön und
gut, aber man wünschte sich einen etwas edleren Geist... Trotzdem, das
Buch ist interessant, ich wünschte mir nur, die Personen sprächen etwas
weniger im Jargon der Helden und Heldinnen von Polizeiberichten.

Brief an Charles Bray. 1848

Virginia Woolf
Die Biographie von Mrs. Gaskell vermittelt einem den Eindruck, daß
Haworth und die Brontës auf irgendeine Weise unentwirrbar miteinander
verbunden sind. Haworth drückt die Brontës aus, die Brontës drücken
Haworth aus: Wie eine Schnecke passen sie ins Schneckenhaus. Ich will
gar nicht weiter untersuchen, inwieweit die Umwelt einen Menschen be-
einflussen kann: Auf den ersten Blick ist dieser Einfluß gewaltig, aber
man muß sich auch einmal fragen, was gewesen wäre, wenn das berühmte
Pfarrhaus in einem Londoner Slum gestanden hätte – die Höhle von
Whitechapel hätte sicherlich nicht dasselbe bewirkt wie die einsamen
Yorkshire-Moore.

«Haworth, November 1904». 1904

Oskar Loerke
Manche Leser werden diesen Namen zum ersten Male hören, manche
sich erinnern, daß Maeterlinck in «Weisheit und Schicksal» sich mit der

Persönlichkeit von Ellis Bell beschäftigt, erst wenige werden ihr Werk, *Wuthering Heights*, kennen. Wenn ich nun sage, daß dieses Buch seit mehr als 60 Jahren da ist, so wird man sich abwenden: ach, wieder eine Ausgrabung! und man wird es erst recht tun, wenn ich voreilig hinzufüge, daß es unter die künstlerisch besten und menschlich merkwürdigsten Romane gerechnet werden muß. Man kennt solche Versicherungen! Also mäßige ich mich und kleide meine Meinung so ein: Daß uns Deutschen *Wuthering Heights* vor kurzem neu vorgelegt wurde, ist zwar keine geschichtliche Notwendigkeit, aber eine geschichtliche Natürlichkeit: eine Lebensäußerung von etwas noch Lebendigem, keine Ausgrabung eines Toten. Und mit dieser Feststellung verkleinert man nicht, sondern vergrößert das Verdienst von Verleger und Übersetzerin.

Ellis Bell, mit ihrem wahren Namen Emily Brontë, ist im Jahre 1848 als ein neunundzwanzigjähriges Mädchen gestorben, an der Schwindsucht, wie noch drei von ihren fünf Geschwistern... Zwei Schwestern lebten neben ihr; alle drei waren schriftstellerisch begabt, die eine, Charlotte, ist die Verfasserin des berühmten Romans *Jane Eyre, die Waise von Lowood*, doch sie wußte nicht, wer Ellis war. So läßt sich das äußerste Leben Emily Brontës wohl räumlich, örtlich und nach seinem Milieu begrenzen, doch wenn man auf die Frage nach seinem Inhalt antwortet: sie hat nichts erlebt, so hat man ihn schon erzählt.

Dagegen ihr Buch! Maeterlinck sagt, in ihm liege «mehr Energie, mehr Leidenschaft, Eifer, Liebe und Erlebnis, als nötig wäre, um nacheinander zwanzig heroische, zwanzig glückliche oder unglückliche Schicksale zu erfüllen und zu befriedigen». So ist es das Werk ihres Lebens, nicht bloß ihr Lebenswerk.

«Ellis Bell». 1910

David Daiches
Als sich der Roman zur beherrschenden literarischen Form herausbildete, konnten in ihm mehr und mehr verschiedene Arten von Sensibilität Ausdruck finden. Sowohl das einsame, individuelle Genie wie der Autor, der in der Tradition des viktorianischen Gedankenguts arbeitete, vermochten sich nun ohne weiteres auf die Romanform einzulassen. Die Mehrzahl der Romane aus dem viktorianischen Zeitalter behandelte weiterhin die Probleme des Menschen in der Gesellschaft und beschäftigte sich mit moralischen Problemen, wie sie aus einer Gesellschaft mit solchen spezifischen sozialen und ökonomischen Eigenheiten resultierten. Aber es gab auch Schriftsteller, sie sich dem Roman anvertrauten, um ihre persönlichen, ja ihre höchst privaten Leidenschaften auszudrücken und den Bereich individueller Gefühle auszuloten. In einem anderen Zeitalter wäre dies eher in der Lyrik möglich gewesen. Dies gilt besonders

für die Brontës, die gewöhnlich als eine Einheit betrachtet werden, einfach deshalb wohl, weil sie zusammen in einem öden, rauhen Yorkshire-Dorf lebten. Doch die Brontës sind nicht nur eine Einheit für den Biographen, denn sie hatten auch ein gemeinsames imaginäres Leben. Nur zwei der vier Brontës sind literarisch von Bedeutung: Charlotte und Emily hätten auch Ruhm errungen, wenn Mrs. Gaskells Biographie sie nicht bekannt gemacht hätte. Anne, welche die fanatische Introvertiertheit ihrer Schwestern teilte, besaß nicht deren imaginative Kraft, und ihre Romane und Gedichte sind langweilige Abgelegenheiten. Und der unglückselige Branwell, der in seiner Kindheit in der gleichen Traumwelt gefangen war wie seine Schwestern, war unfähig, aus seiner Phantasie etwas Konkretes zu schaffen. Er ist nur deshalb unvergessen, weil er mit zu dieser bemerkenswerten Familie gehörte.

«A Critical History of English Literature». 1960

Muriel Spark
Während eine große Zahl literarischer Stücke Emily Brontë zu einer interessanten, doch weniger bedeutenden Dichterin macht, müssen wir sie ihrer sechs großen Gedichte wegen als eine unserer größten Poeten betrachten.

«Emily Brontë, her Life and Work». 1966

Arno Schmidt
Im England der vorigen Jahrhundert-Mitte hatten die 3 Schwester-Geister, die taubengrauen, nichts zu suchen. Wohl aber herrschten sie in 2 gläsern-glühenden Groß-Reichen, deren Umfang wir heute allmählich – Wir: Leser; Genießer; Pädagogen–Psychologen–Soziologen! – ahnend, ehrerbietig, abzuschreiten beginnen: in ANGRIA –: in GONDAL! –

«Angria & Gondal». 1969

Lewis K. Tiffany
Die Kritik hat Anne Brontës literarische Bedeutung nie sehr hoch eingeschätzt. Die Hauptursache dafür ist, daß Annes größter Feind, literarisch gesehen, ihre eigene Schwester Charlotte war. Charlotte überlebte ihre Schwester um sechs Jahre und erwies sich in jeder Hinsicht als Wächter über Annes Ansehen. In ihren Briefen und kritischen Einführungen sprach Charlotte immer mit höchstem Lob von Anne als Mensch. Aber wenn es um Anne als Schriftstellerin ging, äußerte sich Charlotte herablassend und um Nachsicht bittend. Auf diese Weise hat sie die Kritik bis zum heutigen Tag beeinflußt und ihr ein Vorurteil mit auf den Weg gegeben.

«Charlotte and Anne's Literary Reputation». 1974

ZEICHEN DER ZEIT

1816 – 1818 – 1820

In diesen Jahren werden Charlotte,
Emily und Anne Brontë geboren...

...es sind die Jahre, in denen die englische Literatur durch neue Werke insbesondere von Scott, Byron und Shelley bereichert wird.

In Berlin sorgt Turnvater Jahn für Aufsehen durch die Propagierung der Turnkunst und für Ärger als Mitbegründer der studentischen Burschenschaften, die 1819 als «demagogische Bewegung» verboten werden. Jahns Turnplatz in der Hasenheide wird geschlossen, er verhaftet und später unter Polizeiaufsicht gestellt. Ein Jahr später wird das Turnen in Preußen verboten.

Den Pfandbrief gibt es jetzt seit fünfzig Jahren.

Bibliographie

1. Bibliographien, Hilfsmittel

BENSON, EDWARD F.: Charlotte Brontë. Select Bibliographies Reprint Series. New York 1972 (Facsimile of the 1932 edition)

The Brontë Society: Catalogue of the Museum & Library. Redaktion: J. ALEXANDER SYMINGTON. Haworth 1927

The Brontë Society: Catalogue of the Bonnell Collection in the Brontë Parsonage Museum. Redaktion: C. W. HATFIELD. Haworth 1932

COOK, DAVIDSON: Brontë Manuscripts in the Law Collection. In: The Bookman, November 1925

CRUMB, REBECCA W.: Charlotte and Emily Brontë 1916–1954. Boston 1982

PASSEL, ANNE: Charlotte Brontë: A Bibliography of the Criticism of the Novels. In: Bulletin of Bibliography, 26 (Sept.–Dec. 1969), S. 118–120; 27 (Jan.–March 1970), S. 13–20

PASSEL, ANNE: The Brontës. An Annotated Bibliography. New York, London 1979

PETERS, MARGOT: Charlotte Brontë: A Critico-Bibliographic Survey 1945–1974. In: British Studies Monitor 6, 3 (Summer 1976), S. 10–36; 7, 1 (Winter 1977), S. 57–70

WISE, THOMAS J.: A Bibliography of the Writings in Prose and Verse of the Members of the Brontë Family. London 1917

WISE, THOMAS J.: A Brontë Library. A Catalogue of Printed Books, Manuscripts, and Autograph Letters by the Members of the Brontë Family. London 1929

YABLON, G. ANTHONY, und TURNER, JOHN R.: A Brontë Bibliography. London 1978

2. Werke

a) Juvenilia

BRONTË, BRANWELL: And the Weary Are at Rest. Hg. von J. ALEXANDER SYMINGTON und C. W. HATFIELD. Private Edition 1924

BRONTË, CHARLOTTE: The Twelve Adventurers and Other Stories. Hg. von C. C. HATFIELD. London 1925

143

Brontë, Charlotte: Legends of Angria. Hg. von Fanny E. Ratchford und William Clyde de Vane. New Haven 1933

Brontë, Charlotte: Five Novelettes. Hg. von Winifred Gérin. London 1971

Brontë, Charlotte: The Secret. Lily Hart. Two Tales. Hg. von Willliam Holtz. Columbia, Missouri 1977

Brontë, Charlotte: The Spell: an Extravaganza. (An Unpublished Novel.) New York 1977

Brontë, Charlotte, Emily und Anne: Angria und Gondal. Hg. von Elsemarie Maletzke. Frankfurt a. M. 1987

b) Lyrik

Bell, Currer, Ellis und Acton: Poems. London 1846

Brontë, Anne: The Complete Poems. Hg. von Clement Shorter. London 1920

Brontë, Charlotte: The Complete Poems. Hg. von Clement Shorter. London 1923

Brontë, Charlotte und Patrick Branwell: The Poems. Hg. von Thomas J. Wise und J. Alexander Symington. Oxford 1934

Brontë, Emily Jane und Anne: The Poems. Hg. von Thomas J. Wise und J. Alexander Symington. Oxford 1934

Brontë, Emily: Gondal Poems from the Ms. in the British Museum. Hg. von H. Brown und J. Mott. Oxford 1938

Brontë, Emily Jane: The Complete Poems. Hg. von C. W. Hatfield. New York 1941

Brontë, Emily: The Complete Poems. Hg. von Philip Henderson. London 1951

Brontë, Charlotte, Emily und Anne: Selected Poems. Hg. von Steve Davies. Cheadle, Cheshire 1976

Poems by the Brontë Sisters: A Reissue of Poems by Currer, Ellis and Acton Bell. Introduced by Mark Seaward. Wakefield 1978

Poems by the Brontë Sisters: The Early Works of Charlotte, Emily and Anne Brontë. London 1979

Brontë, Anne: The Poems. A New Text and Commentary. Hg. von Edward Chitham. London 1979

Brontë, Patrick Branwell: The Poems. Hg. von Tom Winnifrith. Oxford 1983

Brontë, Emily: Gedichte/Poems. Band I: München 1984. Band II: München 1988

c) Erzählerisches Werk

The Life and Works of the Sisters Brontë. 7 Bde. The Haworth Edition with a Preface by Humphry Ward. (Reprint of the 1899/1903 Edition) Haworth o. J.

Brontë, Anne: Agnes Grey. London 1847 (Deutsch u. d. T.: Agnes Grey. Übersetzt von Sabine Kipp. Zürich 1987)

Brontë, Anne: The Tenant of Wildfell Hall. London 1848. Weitere Ausgabe: Hg. von G. D. Hargreaves. London, New York 1979

BRONTË, BRANWELL: Harriet Dark. Hg. von BARBARA REES. London 1978

BRONTË, CHARLOTTE: Jane Eyre. 3 Bde. London 1847. Weitere Ausgaben: Hg. von
W. R. NICOLL. London 1902; Hg. von THOMAS J. WISE und J. ALEXANDER SY-
MINGTON, 2 Bde. Oxford 1931; Hg. von JANE JACK und MARGARET SMITH. Ox-
ford 1969 (Deutsch u. d. T.: Jane Eyre. Übersetzt von ELISABETH VON ARX.
Frankfurt a. M., Berlin, Wien 1981)
BRONTË, CHARLOTTE: Shirley. London 1849. Weitere Ausgaben: Hg. von JUDITH
HOOK. Harmondsworth 1974; Hg. von HERBERT ROSENGARTEN und MARGARET
SMITH. Oxford 1979 (Deutsch u. d. T.: Shirley. Übersetzt von JOHANNES REI-
HER und HORST WOLF. Weimar 1967)
BRONTË, CHARLOTTE: Villette. London 1853. Weitere Ausgaben: Hg. von GEOF-
FREY TILLOTSON und DONALD HAWES. Boston 1971; Hg. von MARK LILLY.
London, New York 1979 (Deutsch u. d. T.: Villette. Übersetzt von CHR. AGRI-
COLA. München 1972)
BRONTË, CHARLOTTE: The Professor. London 1857
BRONTË, CHARLOTTE: Emma. A Fragment. Hg. von WILLIAM MAKEPEACE
THACKERAY. In: Cornhill Magazine, Vol. 1 (1860)
BRONTË, CHARLOTTE: Five Novelettes. (Passing Events, Julia, Mina Laury, Cap-
tain Henry Hastings, Caroline Vernon) Hg. von WINIFRED GÉRIN. London 1971
BRONTË, CHARLOTTE: Ashworth. An Unfinished Novel. Hg. von MELODIE MONA-
HAM. Chapel Hill, N. C. 1983
BRONTË, CHARLOTTE und PATRICK BRANWELL: The Miscellaneous and Unpub-
lished Writings. Hg. von THOMAS J. WISE und J. ALEXANDER SYMINGTON. 2
Bde. Oxford 1934

BRONTË, EMILY JANE: Wuthering Heights. London 1847. Weitere Ausgaben: Hg.
von CHARLOTTE BRONTË. London 1850; Hg. von E. MACAULEY. New York
1926; Hg. von HILDA MARDSEN und JANE JACK. Oxford 1976 (Deutsch u. d. T.:
Die Sturmhöhe. Übersetzt von INGRID REIN. Stuttgart 1986)

d) Essays, Tagebücher und Briefe

BRONTË, EMILY: Five Essays Written in French. London 1978
SHORTER, CLEMENT: The Brontës. Life and Letters. 2 Bde. London 1908
SPARK, MURIEL (Hg.): The Brontë Letters. London 1954
WISE, THOMAS J., und J. ALEXANDER SYMINGTON (Hg.): The Brontës. Their
Lives, Friendships and Correspondence. 4 Bde. Oxford 1932

3. Sekundärliteratur

a) Memoiren und Erinnerungen, zeitgeschichtlicher Hintergrund

ALEXANDER, CHRISTINE: The Early Writings of Charlotte Brontë. Oxford 1983
ALLOTT, MIRIAM (Hg.): The Brontës. The Critical Heritage. London, Boston 1974
BAINBRIDGE, CYRIL: The Brontës and Their Country. East Bergholt 1978
BANKS, LYNNE REID: Dark Quartet. Harmondsworth 1986
BARNARD, ROBERT: The Case of The Missing Brontë. New York 1983

Benson, Edward F.: Charlotte Brontë. New York 1972

Bentley, Phyllis: The Brontë Sisters. London 1950

Bentley, Phyllis, und Ogden, John: Haworth of the Brontës. Sudbury, Suffolk 1977

Bentley, Phyllis: The Brontës and Their World. New York 1979

Birrell, Augustine: The Life of Charlotte Brontë. New York 1971 (1887)

Braithwaite, William: The Bewitched Parsonage. New York 1974

Byron, May: A Day with Charlotte Brontë. New York 1974

Cannon, John: The Road to Haworth: The Story of the Brontës' Irish Ancestry. London 1980

Chitham, Edward: A Life of Emily Brontë. Oxford 1987

Chitham, Edward, und Winnifrith, Tom: Brontë Facts and Brontë Problems. London, Basingstoke 1983

Clarke, William: Brontës Were Here: Reflections on the Family's Life and Travels. Manchester 1977

Colin, B. M.: Charlotte Brontë and Monsieur Héger. In: The Sketch, 5. Juni 1896

Crowe, W. Hoghton: The Brontës of Ballynaskeagh. Dundalk 1978

Dearden, William: Who Wrote Wuthering Heights? In: Halifax Guardian, 15. Juni 1867

Delafield, E. M.: The Brontës. Their Lives recorded by their Contemporaries. London 1979 (1935)

Dewhirst, Jan: Yorkshire through the Year. London, Sydney 1975

Dunbar, Janet: The Early Victorian Woman: Some Aspects of Her Life. London 1973

Earle, Kathleen: Haworth: The Brontës at Home. In: International History Magazine No. 27, 1975

Faber, Richard: Proper Stations. London 1971

Gaskell, Elizabeth: The Life of Charlotte Brontë. Edited by Alan Shelston. Harmondsworth 1975

Gérin, Winifred: Branwell Brontë. A Biography. London 1961

Gérin, Winifred: Charlotte Brontë. The Evolution of Genius. Oxford 1967

Gérin, Winifred: Anne Brontë: A Biography. London 1976

Gérin, Winifred: Emily Brontë: A Biography. Oxford 1979

Goldfarb, Russell: Sexual Repression and Victorian Literature. Lewisburg, Pennsylvania 1970

Haldane, Elizabeth S.: Mrs. Gaskell and Her Friends. 1930

Hale, Will T.: Anne Brontë: Her Life and Writings. New York 1974

Hardwick, Elizabeth: Verführung und Betrug – Frauen und Literatur. Frankfurt a. M. 1986

Harland, Marion: Charlotte Brontë at Home. New York 1979 (1899)

Harrison, G. Elsie: Haworth Parsonage. London 1937

Hewish, John: Emily Brontë: A Critical and Biographical Study. London 1969

Hopkins, Annette: Elizabeth Gaskell: Her Life and Work. London 1952

Hopkins, Annette: The Father of the Brontës. Baltimore 1958

Hutton, Joanna: Haworth History Trail. Hendon Mill 1975

Kavanagh, James: Emily Brontë. Oxford 1985

Kellett, Jocelyn: Haworth Parsonage. The Home of the Brontës. Haworth 1977

Krawschak, Ruth: Traum und Tagtraum in den Romanen Charlotte und Emily Brontës. Berlin 1966

LANE, MARGARET: The Brontë Story. Glasgow 1979

LAW, ALICE: Patrick Branwell Brontë. New York 1978

LAYCOCK, WILLIAM: Methodist Heroes of the Great Haworth Round 1734–1784. London 1909

LOCK, JOHN, und DIXON, W. T.: A Man of Sorrow: The Life, Letters and Times of the Rev. Patrick Brontë 1777–1861. London 1979

LONGFORD, ELIZABETH: Eminent Victorian Women. London 1981

MALETZKE, ELSEMARIE, und SCHÜTZ, CHRISTEL (Hg.): Die Schwestern Brontë. Leben und Werk in Texten und Bildern. Frankfurt a. M. 1986

MALETZKE, ELSEMARIE: Das Leben der Brontës. Frankfurt a. M. 1988

MARCUS, STEVEN: Engels, Manchester and the Working Class. New York 1944

MATTHEWS, THOMAS S.: The Brontës. London 1934

MAURAT, CHARLOTTE: The Brontës Secret. London 1969

METCALFE, M., und BAILIFF, J.: Charlotte's Country Houses. In: Britain: Coming Events, XXVI, 1 (January 1971), S. 26–29

MILLER, MARGARET J.: Emily: The Story of Emily Brontë. London 1969 (= Famous Lives Series)

MOORE, VIRGINIA: The Life and Eager Death of Emily Brontë. London 1936

NEFF, WANDA: Victorian Working Women: An Historical and Literary Study of Women in British Industries and Professions, 1832–1850. London 1966

O'BYRNE, CATHAL: The Gaelic Source of the Brontë Genius. New York 1970

OFFOR, RICHARD: The Brontës: Their Relation to the History and Politics of their Time. London 1943

PETERS, MARGOT: Unquiet Soul: A Biography of Charlotte Brontë. London 1975

PHILLIPS, JANET und PETER: Victorians at Home and Away. London 1978

PHILLIPS, GEORGE SEARLE: Branwell Brontë. In: The Mirror, December 1872

PROCTOR, IDA: The Brontës and Penzance. In: Cornish Life Magazine, No. 11, 1974

RHODES, PHILIP: A Medical Appraisal of the Brontës. In: Brontë Society Transactions, 16, No. 2, 1972

RICHARDS, S., und OLDHAM, L.: The Branwell Home in Penzance: An Account of No. 25 Chapel Street, Penzance. In: Old Cornwall 8, 7 (Autumn 1976), S. 321–327

ROWE, J. HAMBLEY: The Maternal Relatives of the Brontës. London 1923

SADOFF, DIANNE F.: Monsters of Affection. Baltimore, London 1982

SCHOOLFELLOW, A.: Reminiscences of Charlotte Brontë. In: Scribner's Monthly, Vol. II, May 1871

SCOTT, HARRY J.: View of Yorkshire. London 1975

SCRUTON, WILLIAM: The Birthplace of Charlotte Brontë. London 1884

SCRUTON, WILLIAM: Thornton and the Brontës. London 1898

SENIOR, JAMES: Patrick Brontë. Boston 1921

SHORTER, CLEMENT: Charlotte Brontë and Her Circle. London 1896

SHORTER, CLEMENT: Charlotte Brontë and Her Sisters. London 1905

SHORTER, CLEMENT: The Late Mr. Arthur Bell Nicholls. In: The Sphere, December 1906

SHORTER, CLEMENT: The Brontës. Life and Letters. 2 Bde. London 1908

SITWELL, EDITH: Englische Exzentriker. Berlin 1987

SMITH, J. C.: Emily Brontë – A Reconstruction. In: Essays and Studies, Vol. IV, 1914

SOUTHWART, ELIZABETH: Brontë Moors and Villages from Thornton to Haworth. London 1923

SPARK, MURIEL, und STANFORD, DEREK: Emily Brontë: Her Life and Work. London 1966

STREMPEL, FRITZ: Meine Reise ins Brontëland. In: Besser's Gourmet Journal, (Dezember 1979), S. 100–104

SUGDEN, K. A. R.: A Short History of the Brontës. London 1929

SUMNER, CHRIS: Reflections on the Brontës in Spen Valley & District. Cleckheaton 1973

Transactions of the Brontë Society. Haworth, published annually from 1895 to the present day

TRAZ, R. DE: La Famille Brontë. Paris 1939

TURNER, J. HORSFALL: Brontëana: The Rey. Patrick Brontë: His Collected Works and Life. New York 1978

VICINUS, MARTHA (Hg.): Suffer and Be Still: Women in the Victorian Age. Bloomington 1972

WADE, GEORGE A.: Charlotte Brontë As I Knew Her. A chat with the Rev. J. C. Bradley (the curate David Sweeting of Shirley). In: Great Thoughts, 17. Oktober 1908

WALTERS, J. CUMING: The Spell of Yorkshire. London 1931

WARD, BARBARA: Charlotte Brontë and the World of 1846. In: Brontë Society Transactions, 11, No. 56 (1951), S. 3–13

WHITE, W. BERTRAM: The Miracle of Haworth. London 1937

WILKS, BRIAN: The Brontës. London 1975

WILKS, BRIAN: Through the Eyes of the Brontës. In: Sunday Times Magazine (14. März 1976), S. 32–41

WILSON, ROMER: All Alone: The Life and Private History of Emily Jane Brontë. London 1928

WOHL, ANTHONY S. (Hg.): The Victorian Family: Structure and Stresses. New York 1978

WRIGHT, JOHN CHARLES: The Story of the Brontës. Folcroft 1974

WRIGHT, WILLIAM: Mrs. Heslip and the Brontës in Ireland. In: The Sketch, 10. März 1897

WRIGHT, WILLIAM: The Brontës in Ireland. New York 1971 (1893)

b) Monographien

ALLOTT, MIRIAM (Hg.): Emily Brontë, «Wuthering Heights». A Casebook. London, Basingstoke 1970

ALLOTT, MIRIAM (Hg.): Charlotte Brontë, «Jane Eyre» and «Villette». A Casebook. London, Basingstoke 1973

BANKS, LYNNE REID: Path to the Silent Country: Charlotte Brontë's Years of Fame. London 1977

BEER, PATRICIA: Reader, I Married Him: A Study of the Women Characters of Jane Austen, Charlotte Brontë, Elizabeth Gaskell and George Eliot. London 1974

BENSON, E. F.: Charlotte Brontë. London, New York, Toronto

BJÖRK, HARRIET: The Language of Truth: Charlotte Brontë, the Woman Question, and the Novel. Lund 1974

Blom, Margaret Howard: Charlotte Brontë. Boston 1977 (= Twayne's English Authors' Series)

Blondel, Jacques: Emily Brontë, Expérience spirituelle et Création poétique. Paris 1955

Bonnell, Henry H.: Charlotte Brontë, George Eliot, Jane Austen: Studies in Their Works. New York 1974 (1902)

Brown, Norman O.: Life Against Death. New York 1959

Burkhart, Charles: Charlotte Brontë: A Psychosexual Study of Her Novels. London 1973

Chadwick, Ellis H.: In the Footsteps of the Brontës. New York 1971 (1914)

Cooper Willis, Irene: The Brontës. London 1933

Cooper Willis, Irene: The Authorship of Wuthering Heights. London 1936

Craik, W. A.: The Brontë Novels. London 1968

Crandall, Norma: Emily Brontë: A Psychological Portrait. Mount Vernon 1979

Crompton, Margaret: Passionate Search. A Life of Charlotte Brontë. London 1955

Deacon, Lois: The Poetic Fervour of Emily Brontë and Thomas Hardy and That Mysterious Tragic Pair. Guernsey 1971

Debri-Bridel, Jacques: Les secret d'Emily Brontë. Paris 1950

Dingle, Herbert: The Mind of Emily Brontë. London 1974

Duthie, Enid L.: The Foreign Vision of Charlotte Brontë. London 1975

Eagleton, Terry: Myths of Power: A Marxist Study of the Brontës. London 1975

Escombe, Lucienne: Emily Brontë et ses démons. Paris 1941

Evans, Barbara und Gareth Lloyd: Everyman's Companion to the Brontës. London 1982

Ewbank, Inga-Stina: Their Proper Sphere: A Study of the Brontë Sisters as Early-Victorian Female Novelists. London 1966

Gleave, Joseph James: Emily Jane Brontë. An Appreciation. Manchester 1904

Goldring, Maude: Charlotte Brontë: The Woman. New York 1974 (1915)

Goodridge, Jonathan Frank: Emily Brontë: Wuthering Heights. London 1964

Gregor, Ian (Hg.): The Brontës: A Collection of Critical Essays. New Jersey 1970 (= Twentieth Century Views Series)

Halperin, John, und Kunert, Janet: Plots and Characters in the Fiction of Jane Austen, the Brontës, and George Eliot. Hamden, Connecticut 1976

Hanson, Lawrence und Elizabeth M.: The Four Brontës. London, New York, Toronto 1949

Harrison, G. Elsie: Methodist Good Companions. London 1935

Harrison, G. Elsie: The Clue to the Brontës. London 1948

Hays, H. R.: The Dangerous Sex: The Myth of Feminine Evil. New York 1965

Hinkley, Laura L.: The Brontës: Charlotte and Emily. New York 1970 (1945)

Kavanagh, Colman: The Symbolism of «Wuthering Heights». London 1920

Keefe, Robert: Charlotte Brontë's World of Death. London 1979

Kinsley, Edith Ellsworth: Pattern for Genius. New York 1939

Knies, Earl A.: The Art of Charlotte Brontë. Ohio 1969

Knoepflmacher, U. C.: Emily Brontë, Wuthering Heights. Cambridge 1989 (= Landmarks of World Literature Series)

Kroeber, Karl: Styles in Fictional Structure: The Art of Jane Austen, Charlotte Brontë, George Eliot. Princeton 1971

149

LAAR, ELIZABETH VAN DÈ: The Inner Structure of Wuthering Heights. The Hague 1969 (= Series Practica 23)

LANE, MARGARET: The Drug-Like Brontë Dream. London 1980

LANGBRIDGE, ROSAMUND: Charlotte Brontë. A Psychological Study. New York 1972 (1929) (= English Literature Series 33)

LAW, ALICE: Emily Jane Brontë and the Authorship of «Wuthering Heights». Altham 1928

L'ESTRANGE, ANNA: Return to Wuthering Heights. London 1978

LETTIS, RICHARD, und MORRIS, WILLIAM E.: A Wuthering Heights Handbook. New York 1961

LINDER, CYNTHIA: Romantic Imagery in the Novels of Charlotte Brontë. London 1978

LUCAS, PETER D.: An Introduction to the Psychology of «Wuthering Heights». o.O. 1943

MACDONALD, FREDERIKA: The Secret of Charlotte Brontë. London, Edinburgh 1914

MARTIN, HAZEL T.: Petticoat Rebels: A Study of the Novels of Social Protest of George Eliot, Elizabeth Gaskell and Charlotte Brontë. New York 1968

MARTIN, ROBERT: The Accents of Persuasion: Charlotte Brontë's Novels. London 1966

MASSON, FLORA: The Brontës. New York 1970

MATTHEWS, W.: Charlotte Brontë: A Tribute to her Genius and Works. London 1897

MCKAY, ANGUS: The Brontës: Fact and Fiction. New York 1971

MOGLEN, HELENE: Charlottes Brontë: The Self Conceived. New York 1976

MOSER, THOMAS C.: Wuthering Heights Text, Sources, Criticism. New York 1962

OCAMPO, V.: Emily Brontë, Terra Incognita. London 1938

OLDFIELD, JENNY: Jane Eyre and Wuthering Heights: A Study Guide. London 1976

O'NEILL, JUDITH (Hg.): Critics on Charlotte and Emily Brontë. London 1968

PADEN, W.D.: An Investigation of Gondal. New York 1958

PECKHAM, MORSE: Victorian Revolutionaries, Speculations on Some Heroes of a Culture Crisis. New York 1970

PETERS, MARGOT: Charlotte Brontë: Style in the Novel. Wisconsin 1973

PETERS, MAUREEN: An Enigma of Brontës. London 1974

PETIT, JEAN-PIERRE: L'Œuvre d'Emily Brontë: La Vision et les Thèmes. Lyon 1968

PETYT, K.M.: Emily Brontë and the Haworth Dialect: A Study of the Dialect Speech in «Wuthering Heights». Yorkshire 1970

RATCHFORD, FANNIE ELIZABETH: The Brontës' Web of Childhood. New York 1964

RATCHFORD, FANNIE ELIZABETH: Gondal's Queen. New York 1971

RAUTH, HEIDEMARIE: Dramatisierungen von Leben und Werk der Brontë-Schwestern. Innsbruck 1971

RAUTH, HEIDEMARIE: Emily Brontës Roman Wuthering Heights als Quelle für Bühnen und Filmversionen. Innsbruck 1974

RAYMOND, ERNEST: In the Steps of the Brontës. London 1948

SANGER, C.P.: The Structure of Wuthering Heights. London 1926

SIMPSON, CHARLES: Emily Brontë. London 1929

SINCLAIR, MAY: The Three Brontës. New York 1967 (1912)

SMITH, ANNE: The Art of Emily Brontë. London 1976

SWINTON DRY, F.: The Sources of Wuthering Heights. Cambridge 1937

TÉCHINÉ, ANDRÉ, und BONITZER, PASCAL: Les Sœurs Brontë. Paris 1979

THORSLEV, PETER L.: The Byronic Hero. Minneapolis 1962

VISICK, MARY: The Genesis of Wuthering Heights. Hong Kong, London 1958

WEINSTEIN, FRED, und PLATT, GERALD: The Wish to Be Free. Berkeley 1969

WINNIFRITH, TOM: The Brontës and Their Background: Romance and Reality.
New York 1973

WINNIFRITH, TOM: The Brontës. London 1977

ZEMAN, ANTHEA: Presumptious Girls: Women and their World in the Serious
Woman's Novel. London 1977

Namenregister

Die kursiv gesetzten Zahlen bezeichnen die Abbildungen

Über den Autor

Werner Waldmann, geboren 1944 in Schwäbisch Gmünd. Studierte deutsche und englische Philologie und Geschichte in Tübingen, München und Bangor (Wales). 1972 Studienabschluß mit einer Arbeit über das Dokumentartheater, bei Walter Jens. Nach freier Tätigkeit für den Bayerischen Rundfunk viele Jahre in einem internationalen Sachbuchverlag als Redakteur, seit 1987 mit einem Redaktionsbüro für verschiedene Verlage tätig. Autor zahlreicher Aufsätze, Kritiken, Rundfunksendungen und Sachbücher. Verfasser der Rowohlt-Monographie über Virginia Woolf.

Quellennachweis der Abbildungen

National Portrait Gallery, London: 6, 62, 73, 76, 127, 130
Stiftung Deutsche Kinemathek, Berlin: 8, 80, 81, 101, 104
Brontë Parsonage Museum, Haworth: 11, 13, 15, 16, 26, 29, 34, 40, 42, 46, 52 o., 59, 64, 68, 70, 75, 79, 84, 88, 93, 94, 97, 107, 112, 114, 115, 116, 124, 128/129
Aus: John James, The History of Bradford, 1841: 12
Aus: Elizabeth Gaskell, Life of Charlotte Brontë, 1857: 17
Yorkshire Post: 18/19
Acrofilms, Ltd.: 21
Aus: Ellen Nussey, Charlotte's Early Life at Haworth: 23
Brontë Bookshop, Haworth Post Office: 25
Random House, New York: 32, 100, 103
Barnaby's Picture Library, London: 39
Aus: Charlotte Brontë, Two Tales, The Secret, Lily Hart, London 1978: 44
Aus: The Bookman, Oktober 1904: 48/49, 52 u.
Transactions of the Brontë Society, Haworth: 54, 55
Royal Academy, London: 61
Mary Evans Picture Library: 83
Privatbesitz, Brüssel: 87
Guildhall Library, London: 99
The Hulton Picture Company, London: 106
Tate Gallery, London: 118/119
Mansell Collection, London: 123

**Thema
Literatur**

**Eine
Auswahl**

bildmono roro ro graphien

C 2058/5 d